围棋从入门到实战高手

围棋定式解密

李勇 编著

吉林出版集团股份有限公司
全国百佳图书出版单位

版权所有　侵权必究

图书在版编目（CIP）数据

围棋从入门到实战高手. 围棋定式解密 / 李勇编著. -- 长春：吉林出版集团股份有限公司，2020.12
 ISBN 978-7-5581-9601-0

Ⅰ. ①围... Ⅱ. ①李... Ⅲ. ①定式（围棋）Ⅳ. ① G891.3

中国版本图书馆 CIP 数据核字（2020）第 270009 号

WEIQI CONG RUMEN DAO SHIZHAN GAOSHOU
围棋从入门到实战高手

编　　著：	李　勇
出版策划：	孙　昶
责任编辑：	颜　明　姜婷婷　徐巧智　王　妍
助理编辑：	李金默
装帧设计：	大华文苑
出　　版：	吉林出版集团股份有限公司
	（长春市福祉大路 5788 号，邮政编码：130118）
发　　行：	吉林出版集团译文图书经营有限公司
	(http://shop34896900.taobao.com)
电　　话：	总编办 0431-81629909　营销部 0431-81629880 / 81629900
印　　刷：	天津海德伟业印务有限公司
开　　本：	880mm×1230mm　1/32
印　　张：	30
字　　数：	800 千字
版　　次：	2020 年 12 月第 1 版
印　　次：	2020 年 12 月第 1 次印刷
书　　号：	ISBN 978-7-5581-9601-0
定　　价：	198.00 元（全 5 册）

印装错误请与承印厂联系・电话：022-82638777

前　言

传说我国上古时期著名仁君尧帝娶了妻子宜氏，妻子生下一个儿子取名丹朱。丹朱从小性情乖戾，长大后不务正业。尧帝为儿子担心不已，就前往汾水询问仙人蒲伊，拜求仙人教授自己管教儿子的方法。

尧帝来到汾水河畔，看见有个老者坐在桧树下，用小木棍在沙地上画格子，还将黑、白小石子排列在格子中，很像是在摆弄阵图。尧帝料定老者就是蒲伊，就上前请教管教儿子的方法。蒲伊笑着说："大王的儿子非常聪明，而且喜欢与人争斗。大王应当投其所好，挖掘他的潜力，培养他的性情。"

尧帝说："还请先生教我具体方法！"

蒲伊指了指沙地上的黑、白小石子说："奥妙就在其中！"说完，蒲伊笑着离开了。

尧帝望着沙地上的黑、白小石子，开始用心思考，终于领悟出其中的奥妙。他回家后，就用文桑木做了棋盘，用犀牛角和象牙做了棋子。做成之后，棋盘、棋子看起来光彩夺目，不同凡响。

丹朱果然被独特的棋盘、棋子吸引，从此钻研围棋，并从中悟出了许多治国之道，后来成了尧帝很好的助手。

这就是关于围棋由来的传说。围棋蕴含着古代哲学中一元生两仪、两仪生四象、四象生八卦、天圆地方等含义，变化丰富，意蕴深远，魅力无穷，有着极为丰富的文化内涵。

围棋棋盘是标准正方形，由纵、横各19道线垂直、均匀相交而成，构成一幅对称、简洁而又完美的几何图形，有种浑然一体和茫然无际的气势，看着棋盘就如同仰视浩瀚苍天和俯瞰辽阔大地。

围棋对局好似整个世界只留下两位棋手，在广阔宇宙之中，把各自的智慧、勇气和毅力都尽情释放了出来。双方端坐棋盘两端，品着清茶，摇着鹅毛扇，不动一刀一枪，不流一滴血，没有一句争吵，却进行着生死较量，真是最为温情、最为阴柔、最为奇妙的了。

围棋作为我国传统文化的重要组成部分，它与太极阴阳及《易经》都相通。特别是围棋从黑、白两种棋子的排列组合中，演绎出一系列变化莫测的方阵化境。在小小的棋盘之上，从始至终都是错落有致的黑白图案，就如同一幅太极阴阳图在流转，奥妙无穷。在这变化中，可以看出运动、和谐、对称和有序的艺术，可以感受到舒缓、抑扬、狂肆的节奏。所以有人说，围棋是太极原理最直接和最形象的一种现实模型，同时也是一个微型宇宙模型，内涵无限。

小小围棋，具有休闲娱乐和游戏益智之功效，并以其特殊形式和独到品位深受现代人喜爱。各种各样的围棋活动尽展魅力，不仅可以休闲娱乐，还可以修身养性、陶冶情操、开发智力。为此，我们根据围棋基本特点、最新发展和初学者的接受能力，特别推出了"围棋从入门到实战高手"系列图书，系统介绍了围棋的基础知识、死活棋形、劫的知识、基本定式、基本布局、中盘战术、官子阶段和名局欣赏等内容，科学实用，通俗易懂，图文并茂，非常适合广大围棋爱好者入门学习和技艺提高。总之，拥有本套书，你就有了围棋方面的良师益友。

目　录

第一章　走近围棋

01 围棋的历史 …………………………………… 002

02 围棋的礼仪 …………………………………… 005

03 下围棋的益处 ………………………………… 009

04 围棋的训练 …………………………………… 012

05 围棋的棋盘 …………………………………… 014

06 围棋的棋子 …………………………………… 016

07 下棋规则 ……………………………………… 018

第二章　基本概念

01 气 ……………………………………………… 022

02 连 ……………………………………………… 025

03 断 ……………………………………………… 027

04 打吃 …………………………………………… 029

05 长和贴 ………………………………………… 031

06 提 ……………………………………………… 032

07	拆	033
08	立	035
09	跳	036
10	尖	037
11	扳	038
12	夹	041
13	虎	043
14	刺	045
15	挤	046
16	双	047
17	压	049
18	挡	051
19	曲	053
20	肩冲	054
21	靠或搭	056
22	尖顶	058
23	退	059
24	镇	060
25	并	061
26	掖	062
27	渡	063
28	碰	065
29	点	067

30	打入	068
31	打劫和打二还一	070
32	飞	072
33	跨	073
34	扑	074
35	爬	076
36	封	078
37	冲	079
38	托	080

第三章　胜负判定

01	比目法	084
02	数子法	086
03	计点法	088

第四章　定式基础

01	定式概念	092
02	定式讲解	093
03	稳妥的顺序	094

第五章　常用定式

| 01 | 小目定式 | 098 |
| 02 | 高目定式 | 119 |

03	大斜定式 ……………………………………	127
04	式的安定 ……………………………………	143
05	三三定式 ……………………………………	150
06	星定式 ………………………………………	158
07	目外定式 ……………………………………	167
08	定式后的定形 ………………………………	177

第一章　走近围棋

　　围棋起源于中国,春秋战国时期即有记载,隋唐时经朝鲜传入日本,后又流传到欧美各国。围棋蕴含着中华文化的丰富内涵,它是中国文化与文明的体现。

01 围棋的历史

围棋，起源于中国，中国古代称为"弈"，可以说是棋类之鼻祖，至今已有四千多年的历史。据《世本》所言，围棋为上古时期的尧创造的。

上古时期，在部落首领尧的带领下，百姓安居乐业。但是尧的长子丹朱却不务正业，游手好闲。于是，为了使丹朱归善，尧便创造出了一种石子棋，和丹朱一起玩儿，以便稳定他的心性。虽然这个传说很难辨清真伪，但是它却反映了围棋的起源之早。

历史上第一次涉及围棋的可靠记载，是在公元前548年，《左传·襄公二十五年》中记录的这样一句话："弈者举棋不定，不胜其耦。"后来常常用"举棋不定"这个围棋术语来比喻处事上的优柔寡断，说明围棋早在春秋战国时期已经为众人所知。

秦灭六国一统天下后，有关围棋的记载寥寥无几，这或许是当时围棋的发展依然比较缓慢。直至东汉中晚期，围棋活动才开始渐渐盛行。

1952年，考古工作者在河北望都一号东汉墓中发现了一件石质围棋盘，此棋盘呈正方形，盘下有四足，局面纵横各十七道，为汉魏时期围棋盘的形制提供了形象的实物资料。

魏晋时期，围棋之制第一次发生了重要变化。魏邯郸淳的《艺经》上说，魏晋及其以前的"棋局纵横十七道，合二百八十九道，白、黑棋子各一百五十枚"。这与前面所介绍的河北望都发现的东汉围棋局的局制完全相同。

但是，在甘肃敦煌莫高窟石室发现的南北朝时期的《棋经》却记载当时的围棋棋局是"三百六十一道，仿周天之度数"。这表明这时的围棋已经成了十九道。这与现在的棋局形制完全相同，反映出当时的围棋已初步具备现行围棋定制。

魏晋南北朝时期，围棋之风非常盛行。这个时期，下围棋被称为"手谈"。围棋也开始进入上层阶级。朝廷还以棋设官，建立了"棋品"制度。也就是说，棋艺高超的人，有资格入朝为官。

到了隋代，十九道棋盘成为主流。而随着隋朝对外开放的政策，高句丽、新罗、百济把围棋带到了朝鲜半岛，隋帝还遣使把围棋带到了日本，中国围棋从此敲开了国际的大门。

唐宋时期，围棋又发生了第二次重大变化。由于帝王们的喜爱以及其他种种原因，围棋得到长足发展，对弈之风遍及全国。这个时期的围棋已经上升到与弹琴、写诗、绘画并列的风雅之事。

同时，唐代"棋待诏"制度的实行，成为中国围棋发展史上的一个新标志。棋待诏，就是专门陪同皇帝下棋的专业棋手，这些人都是通过重重考验，筛选出来的。中国围棋"国手"就是从这个时候兴起的，这种制度从唐朝至南宋延续了五百多年。

到了明清两代，围棋发展空前繁盛，名手辈出，涌现了一大批围棋高手。随着民间围棋的普及，一些民间编撰的棋谱也大量涌现，如《适情录》《石室仙机》《三才图会棋谱》《仙机武库》及《弈史》《弈问》等都是现存的颇有价值的围棋著述，从中可以窥见当时围棋技艺及理论高度发展的情况。

当代社会，围棋运动已经遍布世界各地，以中国、日本、韩国最为兴盛。西方国家和东南亚地区的围棋运动也正在火热发展之中。

特别是中华人民共和国成立以来，国家对围棋比较重视，那时民间社团中比较多的棋类比赛都是围棋比赛，听到比较多的棋类大师人物都是围棋大师，而真正让围棋在媒体上大放异彩的是中日围棋擂台赛，聂卫平作为中国队擂主一人连续多届力克日本队，把日本顶尖高手打得落花流水。

自那时起，大家才知道中国的棋类除了中国象棋还有围棋，而民间所说的"琴棋书画"中的"棋"原来竟是围棋，而聂卫平也不是唯一厉害的，在他之前还有陈祖德，在陈祖德之前还有吴清源。

总之，中国围棋将科学、艺术和竞技三者融为一体，有助于发展智力、培养意志品质和机动灵活的战略战术思想，因而几千年来都长盛不衰，并逐渐发展成了一种国际性的文化竞技活动。

02 围棋的礼仪

围棋是一项十分高雅的艺术，既可以休闲娱乐、锻炼思维，又可以修身养性、陶冶情操。下棋的人最注重"棋德"和"棋品"。所以，我们不仅可以在棋盘上学到道理、格局等，还要十分重视下棋时的礼仪培养，下面就简单介绍一下围棋礼仪。

图1-1

1. 对弈前

（1）放置黑棋的一方称为"下座"，放置白棋的一方称为"上座"，入座时"上座"应留给老师或年长者。

（2）与老师、年长者、女性对局时，应主动帮他们拉开椅子并协助他们先坐下，然后自己再入座。

（3）入座时应注意姿态端正并整理自己的衣着。

（4）入座时，要轻轻坐下，身体要坐满椅子三分之二。

（5）上身挺直，双膝自然并拢，两脚自然着地，两手自然放在膝盖上。

（6）对局双方如果不认识，坐在下座的一方应主动先做自我介绍。

（7）坐在下座的一方要主动行欠身礼并说"请多指教"。

（8）对局前下座一方应主动整理棋具。在一些大型比赛或者挑战赛对局前，晚辈、下座一方、挑战者都应该主动用白布擦拭棋盘，以示敬意和学习的态度。

2. 对弈时

（1）对弈时，会先猜先，然后才能决定双方谁先行子。比赛前的猜先，应由卫冕者、段位高者、年长者来抓子。这时，坐在上座的一方要抓取少量白棋，用手握住并放在棋盘中央。

（2）在对局前猜先时，坐在下座的一方应取出一子或二子，整齐地放在棋盘中间。

（3）上座的一方打开手掌，将白子每两颗排成一列，最后如剩下一子则代表单数，否则为双数。

（4）猜对一方可选择执黑先下或执白后下，如需调换棋盒，应双手捧棋盒互相交换。

（5）下棋时，坐姿应保持端正、不要歪坐。一只手下棋，另一只手仍然放在膝盖上。思考后手拿子，不应抓子、翻打或玩弄棋子。

（6）黑棋第一子一般来说应该下在自己右上角。把距离对方右手最近的左上角留给对方，是表示对对方的尊敬。

（7）下棋时执子方法要正确，即中指在上、食指在下，棋子应轻拿轻放，不应用力拍子。下完一步棋以后，双手应自然回到膝盖上。

（8）不下棋不拿棋子，尽量不要推子。

（9）观棋不语，落子不悔。

（10）对局期间不应在席间与他人说话，不要催促对手快点儿下棋，更不应边评边弈。

（11）对局期间不应吃东西，尤其是嚼起来带响声的食品。

（12）对局期间不应有用力敲打折扇、自言自语等干扰对方思考的行为。

（13）对方思考时，不应随意离席、走动，或是观看他局。

（14）对局期间如要离开座位，应该先向对方说明原因，然后再起身离开。

（15）对局期间，若对方因故离席，回来时自己有告诉对方自己上一步棋下在哪里的义务。

3. 结束时

（1）对局结束后，双方应复盘研究，切磋棋艺，谦虚待人，增进友谊。胜方切不可沾沾自喜，败方更不应拂袖而去。

（2）对弈结束后，双方应收好棋子、整理好棋具方可离席。

（3）对弈结束，应向对方行欠身礼并说"谢谢"。

（4）对局结束后，年幼者应等年长者先离座后再起身离座。

（5）起身离座时要从座椅的左侧离开，动作要轻缓，不要弄响座椅。

总之，在围棋领域，对于"礼"的追求，人们从来都没有放松过。棋经十三篇有云：

胜不言，败不语；振廉让之风者，君子也；起忿怒之色者，小人也。高者无亢，卑者无怯。气和而韵舒者，喜其将胜也。心动而色变者，忧其将败也。赧莫赧于易，耻莫耻于盗。妙莫妙于用松，昏莫昏于复劫。

翻译成现代白话文是：

胜了不多话，败了不唠叨，发扬清廉、礼让之风的，才是君子；因输棋而怒形于色的，不过是小人。棋艺高的不要傲慢，棋艺低的不要怯懦。气韵温和而舒展，这是为即将取胜而高兴；心跳加速而脸上表情发生变化，这是为即将失败而忧虑。最令人惭愧的事莫过于悔子，最令人耻辱的事莫过于偷子，最为美妙的棋莫过于宽纵不逼，最为糊涂的棋莫过于反复打劫。

这说的就是围棋的基本礼仪。在近代，也有"棋虽小道，品德最尊"的说法，讲的也是围棋之礼。

03 下围棋的益处

围棋是一种围而相杀的游戏,每落一子就等于出动一兵向对方进攻,迫使对方设法应对,而对方下子也是在向你进攻,需要你设法打退他。

这种不断进攻与防守的过程,就是不断提出问题和解决问题的过程。在这个过程中,我们的大脑能够得到不间断的锻炼,变得日益灵活、聪明。下面我们就来简单了解一下学围棋的各种好处吧。

1. 开发智力

围棋是一项智力运动,每一着棋都要经过大量的计算和判断后才能落子。一旦下出未经思考的"随手棋",胜负的天平都将会倾斜,这就是所谓的"一着走错,满盘皆输"。所以下围棋,能有效帮助我们养成爱动脑、勤思考的好习惯。

2. 锻炼思维

围棋属于动脑不动嘴的活动,在对局的过程中必须步步为营,再加上反复对弈练习,自然有助于逻辑思维的形成。此外,下棋时多进行突破盲点、寻找新的路径等练习,也有助于激发创意。

3. 增强记忆力

曾经有科学研究报告指出,下围棋可以促进右脑发育,并强化脑部全面信息统筹与处理能力,还能增强记忆力。

4. 培养注意力

围棋盘上时刻进行着紧张激烈的战斗,任何时候都不能有所松懈。对于对手的每一着棋,都要认真评估和判断之后才能做出正确的应对。因此下围棋对于集中注意力有极好的帮助。

5. 培养独立能力

面对强大的对手,每一着棋都有可能会面临困难的境地。我们必须学会在没有任何支援的情况下独立解决棋盘上的纷争。因此,下围棋能有效培养我们独立思考和独立解决问题的能力。

6. 培养创造力

下围棋时,棋手在棋盘上经常要做到出奇出新,下出令对手感到为难的着法才能赢得胜利,同时能赢得对手的尊敬,这对培养创造力很有帮助。

7. 培养全局观

围棋是有胜负之分的,需要观察全局,有时可能一着不注意,导致整个棋局输掉,所以可以由此培养统观全局的意识。

8. 培养空间概念

围棋是一种无中生有的游戏,棋子虽然是在平面棋盘上移动,但是布局攻守必须先在脑子里构建立体图像进行推演,才能出手,因此能够培养空间概念。

9. 进行挫折教育

在围棋胜负中,会让我们在胜利中获得快乐,在失败中品尝痛苦。一次失败就是一个挫折,经得起挫折才能成为高手。

10. **培养交际能力**

围棋亦称"手谈",即对局,双方不是用语言,而是用手执的棋子在棋盘上达成心灵的互通。与对手下棋,其实就是利用围棋进行人与人之间的交流。

11. **传承中国礼仪**

中国的围棋文化博大精深,源远流长,蕴含了我国古代人们的无穷智慧,尤其是围棋礼仪更是代表了中华民族的传统美德。因此学习下围棋,能够更好地帮助我们来了解历史,传承美德。

12. **陶冶性格情操**

围棋是一项高雅的运动项目,围棋中深奥的哲学理论以及围棋所特有的文化内涵,会在不知不觉中影响我们的人生观和世界观。常下围棋的人,大多有临危不乱的镇定心态,谦虚、谨慎的美德,文明高雅的风度。

13. **学会做人做事**

下棋与做人同理,现在许多人,或多或少都会有以自我为中心的倾向,参与集体活动时往往习惯从自己的角度出发考虑问题,而不顾全局的利害关系。因此,我们可以通过学习围棋懂得团结互助,建立良好的人际关系。

总之,围棋作为一项公认的高雅智力运动好处颇多。不过要注意是,我们每天下围棋的时间也不宜过长,要学会适可而止,这样才能使身体不容易疲惫,让心智健康成长。

04 围棋的训练

学习围棋简单来说分为做题、下棋、打谱、复盘四个主要方式，但是只关注这四种方式其实是远远不够的，关键是练心态和抓习惯。

有的人头脑聪明，但是做事丢三落四，下棋时也经常出现低级失误，那么就要重点培养他的细心。有的人悟性超强，可是做事容易见异思迁，三天打鱼两天晒网，那么就要重点培养他的恒心。有的人个性活泼，对待新鲜事物充满兴趣，但是个性急躁，可以有意安排他和电脑或者下得慢的人去下棋，以磨炼急躁的性格。

除了练心态，抓习惯也是非常重要的。细节决定成败是一个真理，围棋盘上同样如此。有很多常见棋形其实是有一般下法的。

1. 过目

不要直接摆放在棋盘上，看看有没有和之前学到过的相类似棋形，先在脑子里心算看看能否找到正确答案。

2. 眼位

下死活棋必须要有足够眼位和空间，所围住交叉点（也就是自身棋形所具有的空）要有六个或者六个以上才能确保活棋，特殊棋形除外。所以，当我们的棋面临做活时，要尽量扩充自己的地盘。反之如果是杀棋，要尽量从外侧或在对方棋形之内通过断、扑等手段压缩对方地盘，让对方不具备活棋所拥有的空间。

3. 要点

如果眼位并不是很充分时，比如一补就活，一点就死的棋形，还必须占据活棋的要点。

4. 观察

当棋形比较复杂，一眼发现不了要点时，就要观察对方或己方棋形有什么缺陷，比如自身或对方棋形有没有气紧或断点等问题，从而通过己方或对方弱点去做活或杀棋。

5. 做活

采用具体技术手段去做活，比如把断、立、扑、挖、拐、长、扳等方法更好地实施在棋形上。

6. 排除法

做死活棋其实并不是很难，因为可以选择的点是有限的，不像布局可以选择的地方很多，从而难以判断。每选择一步走法，不断站在己方和对方立场上去思考问题，从而不断验证或推翻自己之前的手段，之后必会找到正确下法。

05　围棋的棋盘

围棋盘是方形的，棋盘上有纵横19道线画出的方形格子，交点之数为19乘以19，共361点。为了简便起见，通常以坐标来标出棋盘上交叉点的位置，术语叫"路"，如图1-2。A是"10、六路"，B是"6、十三路"，C是"14、十三路"。

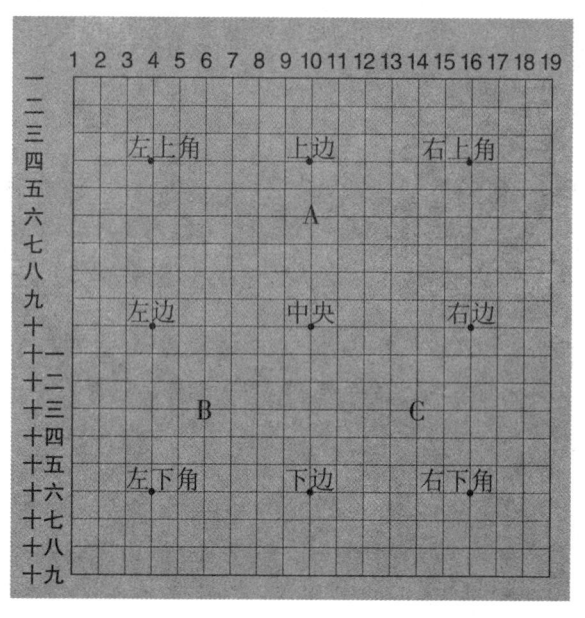

图1-2

在盘面上还有9个圆点，术语叫"星"，正中央的那个"星"叫"天元"。"元"是第一的意思，"天元"意为天空最高点。以"天元"为中心，在纵横各19道的棋盘中可以找到同心的正方形9个。

以每个"星"为中心,可以把棋盘划分为9个区域。"4、四路"表明左上角,"10、四路"表明上边,"16、四路"表明右上角,"4、十路"表明左边,"10、十路"即天元一带表明中央,"16、十路"表明右边,"4、十六路"表明左下角,"10、十六路"表明下边,"16、十六路"表明右下角。

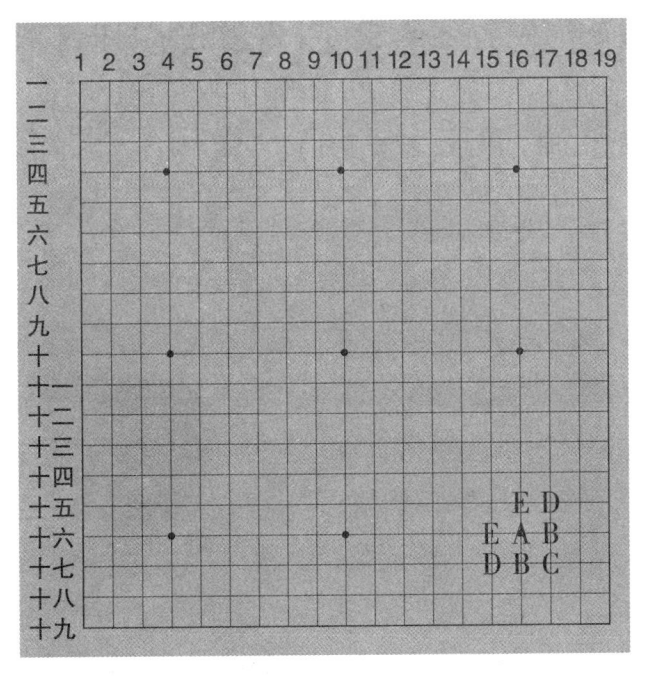

图1-3

在每个角上,除了A位的"星"以外,还有B、C、D、E等重要部位,如图1-3。B位叫"小目",C位叫"17、十七路",D位叫"目外",E位叫"高目"。其中,星和"17、十七路"只有一个,而小目、目外、高目则均有相应的两个。至于另外3个角的结构,与本角是完全相同的。

06　围棋的棋子

棋子分黑白两种，共361个，黑棋181个，白棋180个，比赛时，双方各持一种，黑白明了，甚是明显。其实在对局时，双方各有160个子左右就足够了，因为围棋是以棋盘占地多少判定胜负的，所以从古到今一盘棋黑白双方下完结束，不可能只出现两个眼。因此，双方各用160个子左右就足够了。

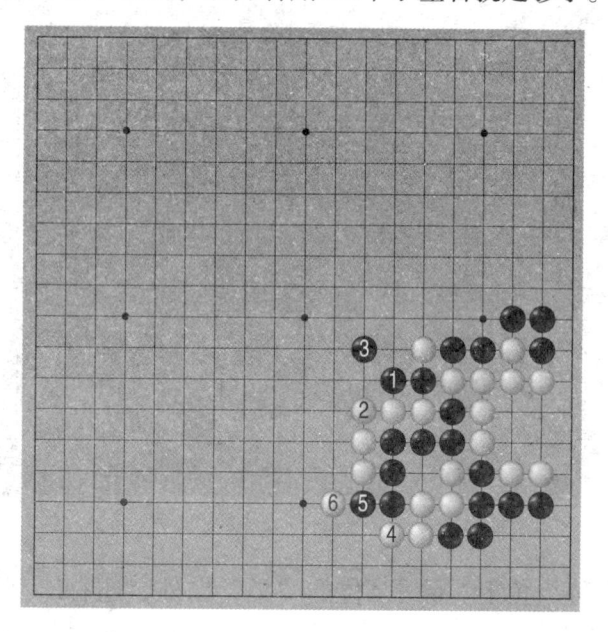

图1-4

围棋子有很多种，可以根据不同材料制作的棋子而分为几种类型。围棋子从古至今，有石头磨制的，还有陶瓷制作的和木头制作的，另外还有玻璃制作的和塑料制作的。其中陶瓷棋子出现得最早，也是使用最广泛的一种围棋子。

陶瓷围棋子，见诸报道最早的是唐代的白陶制品。在成都杜甫草堂博物馆展出的唐代遗址出土的围棋子，只有一枚，直径1厘米左右，呈现两面鼓样式。

宋代已有流传下来的整套围棋子，共361枚，黑181子，白180子，直径1.5厘米，厚度0.6厘米。白色胎土做坯，一面凸一面平，上面施黑或白釉，底部无釉，此为定窑产品。宋代当阳峪窑产品，两面有刻花。磁州窑也有生产。以后各代都有制作。

我国云南所产的"云子"为历来的弈者所青睐，已有五百多年的历史。较为珍贵的棋子材料还有玛瑙、贝壳等。

围棋子只分黑白两类，每个棋子都是一样的，没有文字、图案的区别标志。棋子在棋盘上的作用根据其位置及与其他棋子的配合关系而定，没有象棋那样具有森严的等级制。

另外，棋盘上的棋子从无到有，变化无穷，棋子越少，局势就越难判断，正体现了道家关于"无中生有""太极生两仪，两仪生四象，四象生八卦"的说法。

07 下棋规则

围棋是一种智力游戏。中、日、韩是当今围棋界的三大支柱，但是近年来日本围棋逐步衰弱，形成了中韩争霸的局面。围棋面临的最大问题是规则不统一，没有一个国际性的组织统一管理，所以在推广过程中面临着巨大的困难。

中国围棋规则是数子法，日本围棋规则和韩国围棋规则是数目法，中国台湾应氏围棋规则和智运围棋规则采用的是计点制度。一盘棋用三种规则计算出来的结果一般是相同的。

简单地说，围棋中的胜负可以概括为：谁围的地域大谁就是胜者。反之，就是败者。棋盘上共有361个交叉点，一盘棋的胜负，就是由对局双方所占据的交叉点多少所决定的。

更精确地说，就是由双方活棋所占据的地域大小来决定的。一个交叉点为一子，每方以180又1/2子为归本数，超过此数者为胜，不足此数者为负。

围棋是攻占地盘的游戏，而作为游戏，就必须有游戏规则，游戏才能顺利进行下去。

下面我们将围棋规则综合整理，最后总结出以下几点：

（1）棋子放在交叉点上。

（2）双方各持一种棋子，黑子先下，然后一手一手交互地下。但是，授子时由白子先下（授子是对局者二人的实力悬殊时，为了调节差距，能够平等地争胜负，故先授子再开始）。

（3）下的子不能在其他地方移动。

（4）吃子或被吃子。

（5）有些地方禁止下子（禁止着手）。

（6）劫的地方不能立刻反提（劫的着手限制）。

（7）谁占地多谁是赢家。

以上（1）~（3）是围棋的规则，应该说是预备知识，这是初学围棋的人必备的知识。但是，要下围棋只具有（1）~（3）的知识是远远不够的，必须要了解技术上的规则，而技术上的规则是（4）~（7）四项，明白此四项的意思，就可以下围棋了。因此，此四项要深入去理解，才能掌握技巧。

中国制定了《中国围棋规则》共五章，对围棋的棋具、围棋的下法等方方面面都做了比较明确的规定。

趣味链接

弈秋是春秋时期人,是我国史籍记载的第一位棋手,被称为围棋"鼻祖"。弈秋曾经教两个学生下围棋。一个诚心学艺,听课十分专心;另一个却不下功夫,上课时心不在焉,总是朝窗外看,心里想着若是鸿鹄飞来,他便要搭箭射下。

两个学生一同都在学棋,也同时拜在一个师傅门下,但是他们的成就却相差甚远。那个专心致志的学生已经学有所成,而时常想着弯弓射鸟的学生却始终不能领悟到棋艺。

围棋口诀

礼貌对弈点点头,"多多指教"先握手。
公平交流请猜先,黑方先行白在后。

围棋规则

棋之盘,方十九,三百六十一叉点。
黑白子,黑先走,黑胜要过一八五。
交叉口,气相连,气尽棋亡最自然。
遇打劫,停一手,防止全局形再现。

第二章　基本概念

　　围棋概念是指围棋中的专用术语。围棋专用术语很多，但都是根据子与子之间的相互位置关系而得名。建议初学者多打谱，久了自然就记住了。

01 气

围棋对局中,棋子在棋盘上是依靠"气"生存的,若想学会如何吃子就必须先了解"气"。

"气"是围棋基本术语之一,是指在棋盘上与棋子紧紧相邻的空交叉点,见图2-1。

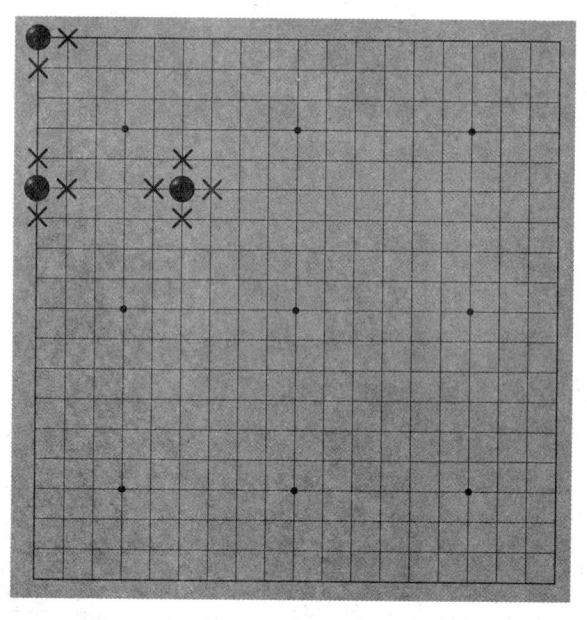

图2-1

图中角上的一子与它紧紧相邻的有两个交叉点,所以它有两气。边上的一子,与它紧紧相邻的有三个空交叉点,所以它有三气。中腹的一子,与它紧紧相邻的空交叉点有四个,所以它有四气。棋盘上单独一个棋子的气数不可能超过四气,但是两个或两个以上相连的棋子则不同了。

图2-2 角上的两子，有三气，边上的两子有四气，中腹的两子有六气。从以上的例子可以看出，棋子的气数要受棋子在棋盘上位置的影响。位于中腹的棋子气数较多，边上和角上的棋子气数相对较少。由于气是棋子赖以生存的条件，所以气数少的棋子在将来双方交战中一旦受到包围，则容易处于被动。

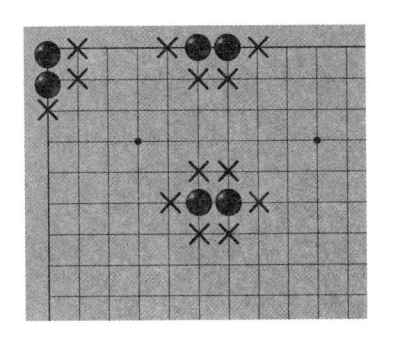

图2-2

在棋盘上相连接的两个或两个以上的棋子，它们的气数取决于棋子排列的形式和棋子所处的位置。图2-3中上方中腹的四子有八气，接下来方形排列的四子也是八气，下面中腹的五子是十气，下面边上的五子是六气。

那么，下面中腹五子边上的A点为什么不算是棋子的气数呢？这是因为对于五个棋子来说：A点并没有与它们紧紧相邻，所以不能算成气数。

围棋毕竟是两个人的对局，在行棋过程中，双方所下的棋子

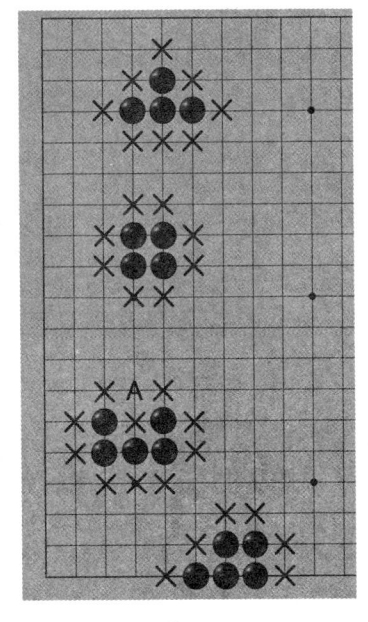

图2-3

并不是距离很远，彼此留出空交叉点也并非是给对方作气，而是相互接触，彼此围攻。这样一来，气数的计算就会变得复杂。那么，被对方包围的棋子怎样算气呢？

图2-4上面的黑三子周围只有两个与它们紧紧相邻的空交叉点，所以只有两气。图中间的黑四子周围有六个与它们紧紧相邻的空交叉点，所以它们有六气。

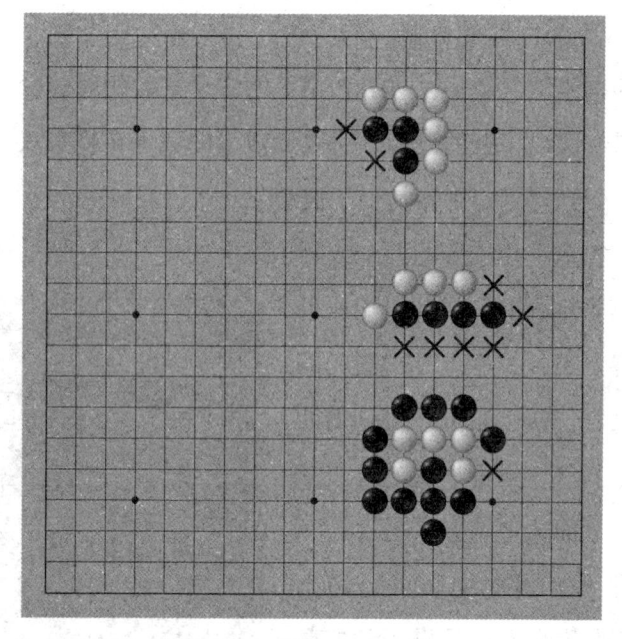

图2-4

再看图中下面的五个白子，与它们紧紧相邻的交叉点几乎全被黑方占有，只留有一个空位算成它们的气数，这样，白五子的气数为一气。

02 连

围棋中,连接是极为重要的手段。能够称为连接的,需要满足2个条件:

(1)两块棋要连接成一片。

(2)对方不能将我方气数分开。

连接有很多方法,比如连(粘)、渡、双、虎、尖、提子。

图2-5 黑棋下在A点把两颗黑棋连接起来,黑棋这一步就叫作连,也叫作粘。连是可以把棋子切切实实地连在一起的,敌人没有任何断开的机会,所以连也是最牢固的连接方法。

除了图2-5说到的情形,还有其他形状的连。图2-6 黑1把两颗棋子连成一块,气数合并为六气,无法分割。这一手也叫作连或者粘。

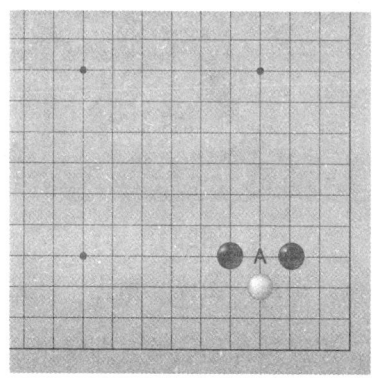

图2-5

图2-6

图2-7 黑白实战走成这个形状。

图2-8 现在轮到黑棋走,为了压制白棋的形状,黑1打吃白棋。

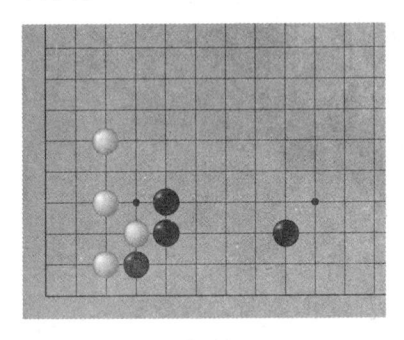

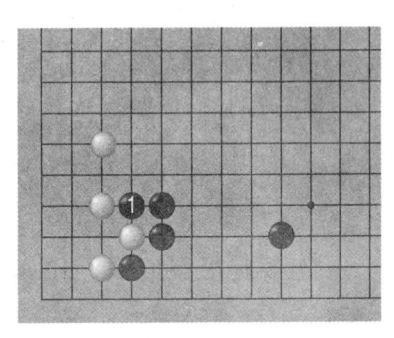

图2-7

图2-8

图2-9 白棋被打吃,不得不连。白2就是连了。

图2-10 白棋连了之后,黑棋为了救回下面的棋子,走在了E2。这一手也是连。

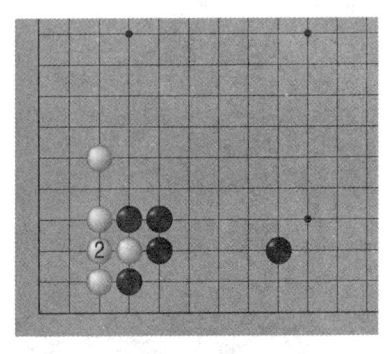

图2-9

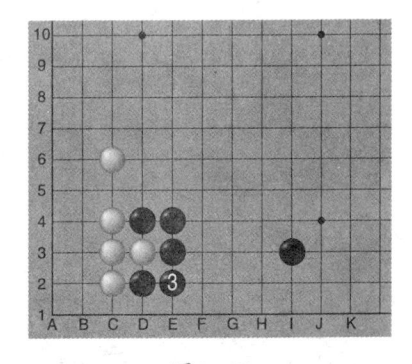

图2-10

这样,黑白双方就经过了一场:黑打、白连、黑连,简单的交战。从以上例子中可以看出,连或粘都是能够立即将棋子连成一块的一手棋。而棋子的气数也会跟着合并在一起。

03 断

围棋中，把对方棋形分割为两块的棋，称为分断，又叫切断，简称作"断"。

图2-11 这一手就叫作连，因为它把黑棋连成一片，白棋不能分割。但同时，它也是分断。因为它把白棋分割为两块，两颗白棋无法连接。

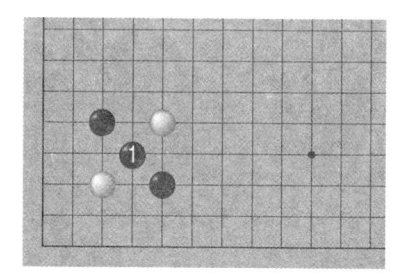

图2-11

图2-12

还有图2-12中黑1的这种连，也叫分断。但要注意的是：虽然它既是连也是断，但并没有"连断""断连"的这种叫法。

此外，图2-13 黑1这种与对方交叉，又把对方分开的也是分断。我们以上说到黑1所落子的地方，就叫作断点。黑1落在白棋的断点上，就叫作分断。

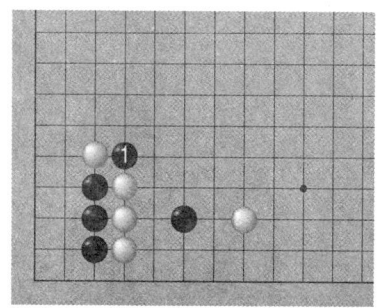

图2-13

下棋时，我们要分清"真断点"与"假断点"。

真断点，是指对方确实无法再连接了。假断点，是指你以为对方无法连接了，可实际上还是能连接。

到底能不能断，这就需要我们拼计算力，拼棋力了。所以，我们在下棋的时候，一定要细算清楚能否断，不能断，就不要勉强了。

切断往往会削减棋子的力量，所以吃棋子时通常先从切断开始。下面我们认识两个概念，能断对方的棋，而且切断有利益，这样的断点称为"真断点"。切断时如果被吃，这样的断点称为"假断点"。

黑棋不仅能切断白棋，而且把白棋吃掉，所以图2-14黑1子为真断点。

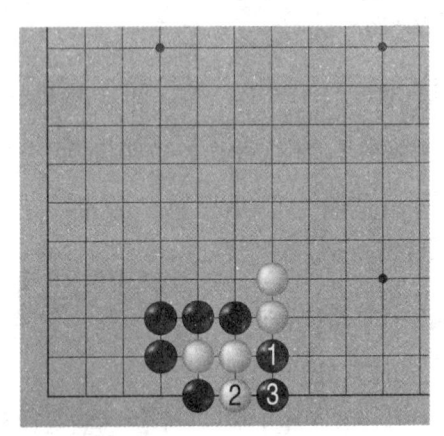

图2-14

04 打吃

一方下的一子使对方的子只剩下最后一气（己方的子最少要有两气），下的这个子就叫"打吃"。图2-15 中，黑1都叫打吃。打吃预示着警告，被打吃的一方也应该意识到自己面临的危险。

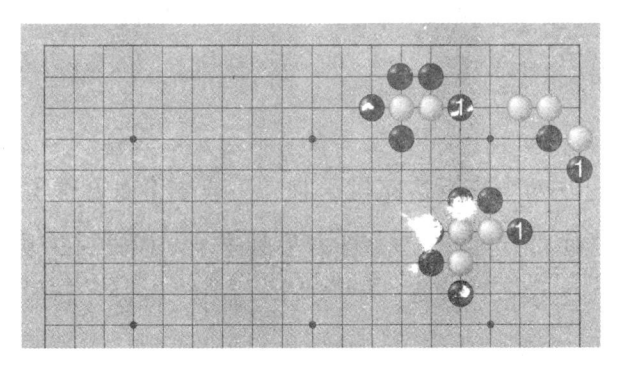

图2-15

"打"与"吃"是两个根本不同的概念，为了更多地区分它们，我们可以看看以下几个例子：

图2-16 、图2-17 就是"打"的例子。

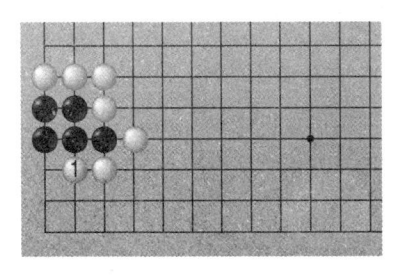

图2-16

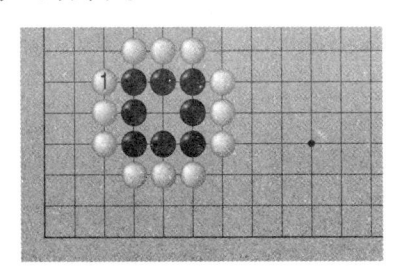

图2-17

图2-18、图2-19中白1则是"吃"的例子。

有两种特殊的情况需要说明：一是如果在一方下子后出现了双方都无气的情况时，要由刚下子一方将对方的无气棋子提掉，下面图2-19就是这样。

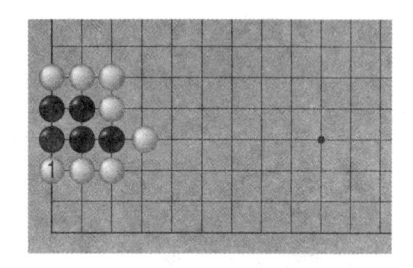

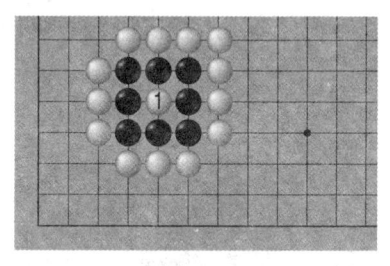

图2-18　　　　　　　　　图2-19

在打吃对方靠近边路棋子时，一般要将对方棋子向一线赶，这样使对方棋子的气较少，容易吃子。如图2-20黑1、黑2、黑3、黑4向一线打吃，白方棋子逃跑方向就会变窄，气也越来越少，最终会被黑子吃掉。

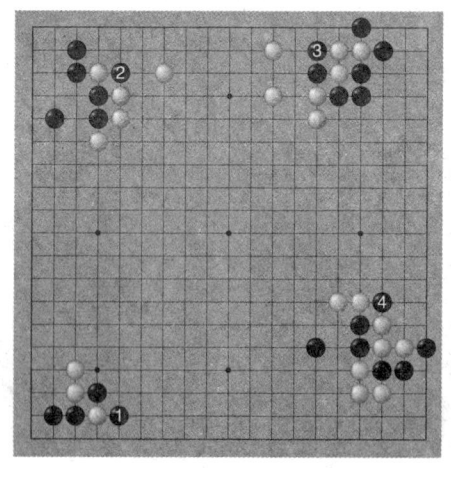

图2-20

05 长和贴

围棋中的"长",指的是紧靠着自己在棋盘上已有的棋子,继续向前延伸行棋。

图2-21中的黑1就是长。长一般用于与对方接触交战的时候,便于将己方的棋子连成一片,更好地攻击对方。

"贴"顾名思义就是紧紧贴在一起。围棋中,满足以下两条特征:一是在双方已经接触的情况下,二是继续紧贴对方棋子的长,就称为贴,又叫贴长。所以,贴是长的一种。

图2-21

图2-22 黑白双方走成这个样子。

图2-23 黑1下面那颗黑棋和白棋是相邻的,这时候,黑1紧贴着白棋长了一手,这手棋,就叫作贴。

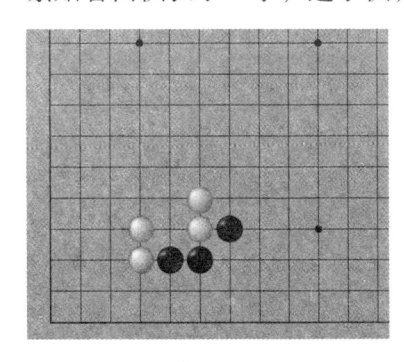

图2-22

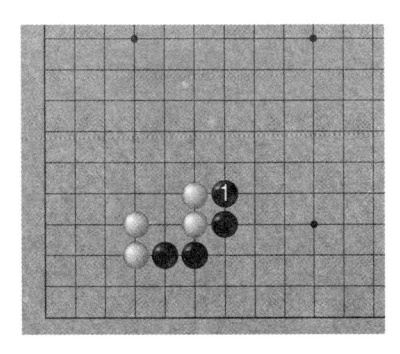

图2-23

06 提

一方下的子使对方的子处于无气状态,并把对方无气的子从棋盘上拿掉,称之为"提"。

图2-24中,黑1都叫"提"。这里需要强调的是,凡是没有气的子必须从棋盘上提掉,绝不能在棋盘上存在。如果对方的棋子还有气,哪怕只有一气,那也不能提,这个界线一定要分明。

提也是可以用来连接棋形的。

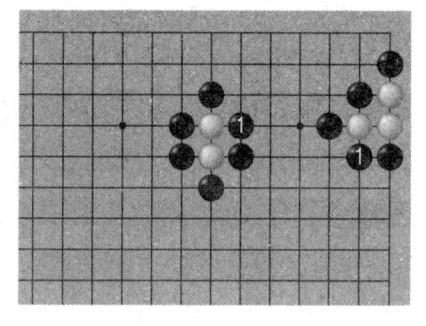

图2-24

图2-25 黑棋和白棋相互纠缠。D4白棋只剩下一气了。

图2-26 黑1提吃那颗白棋后,我们就会发现,黑棋一下子就里外连接把白棋彻底分成了两块。而这就是提的妙用了。

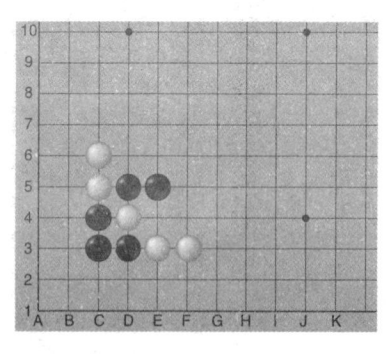

图2-25

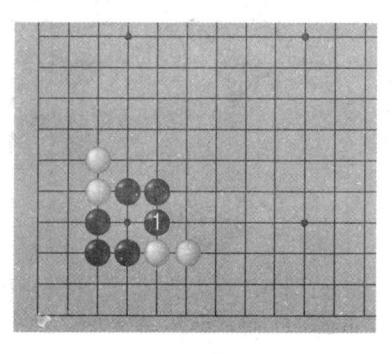

图2-26

07 拆

保持与原有棋子同一条直线,向左(右)间隔一路、两路以至三路、四路下一子,叫"拆"。图2-27中的黑1是向左"拆一",黑2是向右"拆二"。

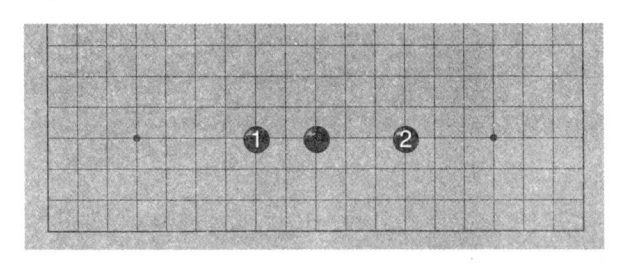

图2-27

拆常常用于扩大地域或谋得己方根据地,也有时能同时发挥扩大地域、谋求己方根据地和搜取对方根据地三个作用。这时拆便发挥出了最大的潜力。

图2-28中的白1拆就是为了扩大地域,却不包含有别的作用。

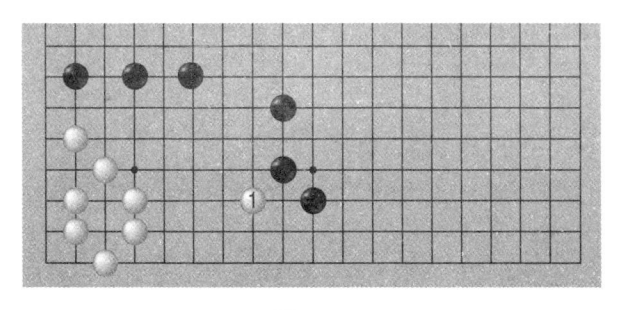

图2-28

而图2-29中的白1拆就是为了谋求自己的根据地，它虽然也占了少量地域，但更主要的是为了让自己有根据地，也就是为了做活的需要。

拆在布局、做活中都很常用，初学者在对局中如果能好好运用这一手段，就会多占便宜。

图2-30中的白1拆则是含有双重意义。它既为白△六子谋求根据地，又截取了黑△四子的根据地，而且多少也含有占地的意思。所以，这样的拆都极为重要，一般先走到的，就占据上风。

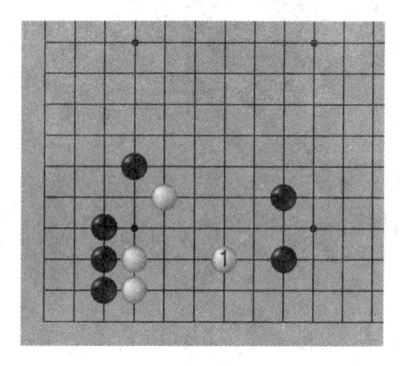

图2-29 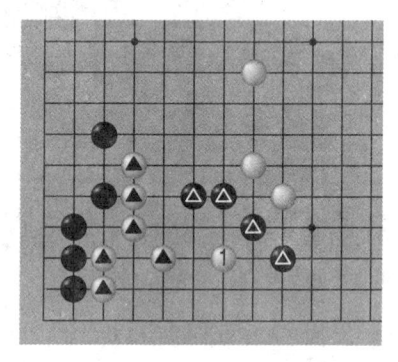　　　　　　　图2-30

08 立

"立",顾名思义,就是棋子像是"站立"一样。是一种很稳重、结实的下法。

顺着己方已经存在的棋子,朝下走一着,称为立。这个朝下走,意思就是朝棋盘的边界走。立这个术语,一般也都出现在边界处,如图2-31中的黑1。

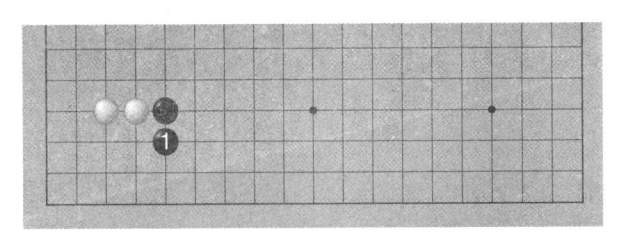

图2-31

在有些时候,一着棋既可以称其是长,也可以称其是立,其实立与长都有一定的相对性。

图2-32 黑1既可以是长,同时也可以说是立。

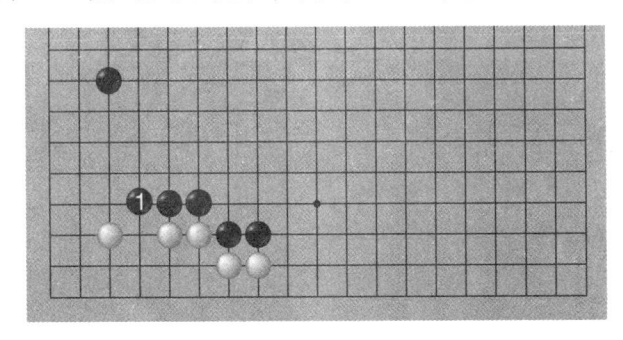

图2-32

09 跳

在原有棋子的同一条直线上，隔开一路下一子，叫"跳"，也可以叫"关"或"单关"，如图2-33中的黑1。

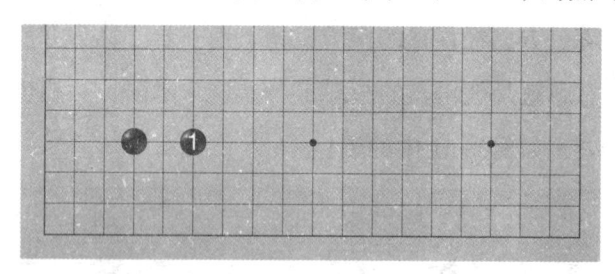

图2-33

一般情况下所说的"关"，是含有向宽阔地带或中腹扩展的意味。而"跳"则一般用于双方对局彼此接触交战的时候，为逃出己方的孤子或者追杀对方薄弱的棋常用到它。

图2-34中黑1跳出就是为了巩固自己、攻击对方。

图2-35中白1的跳，则是在双方交战时的手段，它是相对于白原有的一子来说的。

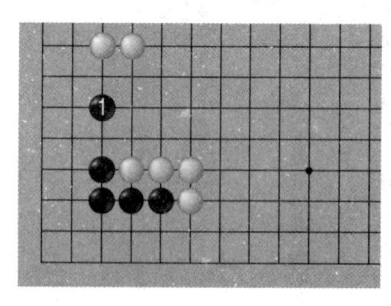

图2-34 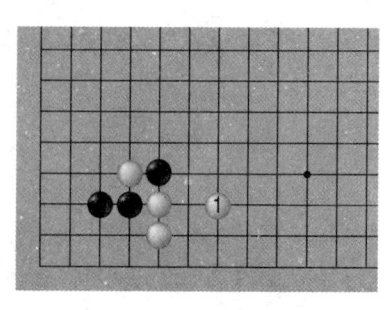　　　　　　图2-35

10 尖

在原有棋子的斜线上（即方格对角线交点处）下一子，叫"尖"，如图2-36中的黑1。

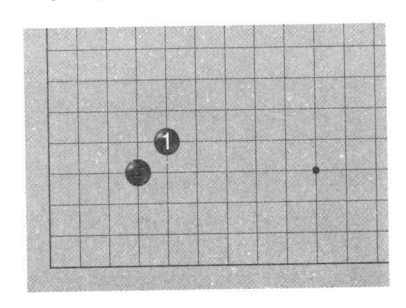

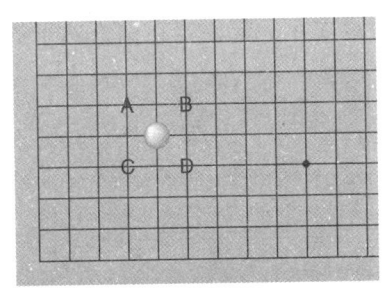

图2-36

图2-37

对于图2-37中原有的白一子来说，无论白是在A、B、C、D的哪处行棋，都可叫作尖。由于尖步调较小，我们也习惯称它为小尖。在实战中，尖是一种很坚实的下法，通常它的棋形不会太坏。

图2-38中的棋形是下棋常用到的图形，这里的白1尖相当坚实。

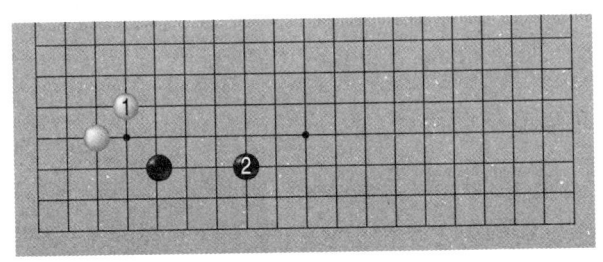

图2-38

11 扳

当棋盘上双方棋子并排紧挨在一起时,在对方棋子的头上着子,就叫作"扳"。图2-39中黑1扳,就是在双方棋子并排紧挨在一起,走在白△两子的头上。

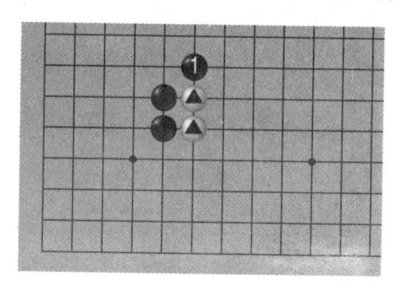

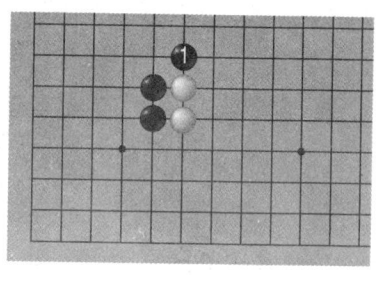

图2-39

图2-40

换一种说法,扳也可以说成是棋盘上的双方棋子相互靠紧时,在原来己方棋子的斜对角交叉点处下子,阻止对方棋子向前继续长出的下法,图2-40中的黑1,就是处在斜对角的交叉点上,完全符合扳的条件。

扳由于方向不同,有内扳、外扳、上扳、下扳之分。见图2-41、图2-42、图2-43、图2-44。

图2-41 白1扳即是内扳,从图上可以看出白1扳是向自己内部扳,有要包围黑子在自己内部意思,所以称之为内扳。

图2-42 白1扳是外扳,从

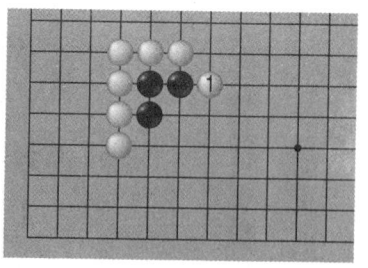

图2-41

图中也可以看出，白1是朝着宽广的地方，也就是向外面扳的。所以白1的扳叫外扳。

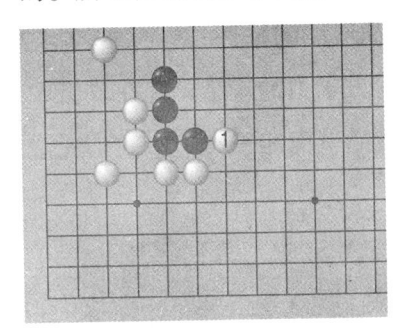

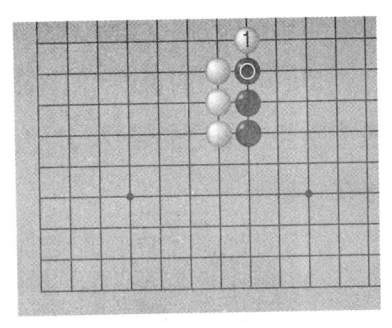

图2-42

图2-43

图2-43 白1扳是上扳，因为白1扳在黑棋上面一子（黑○）头上，所以叫上扳。

图2-44 白1扳叫下扳，因为白1扳在了黑棋下面一子（黑△）的头上，所以叫下扳。

扳的用途很广泛，可以阻止对方向前长，可以用于连接上，也可用于占地、分断对方，等等。

图2-45 中的扳就是用在白方两块孤棋的连接和过渡上。

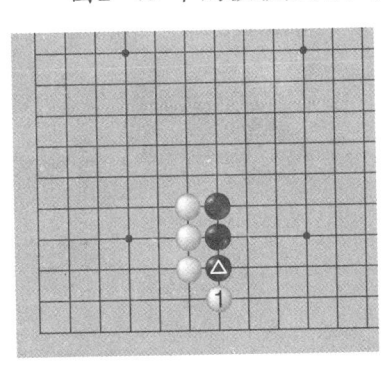

图2-44

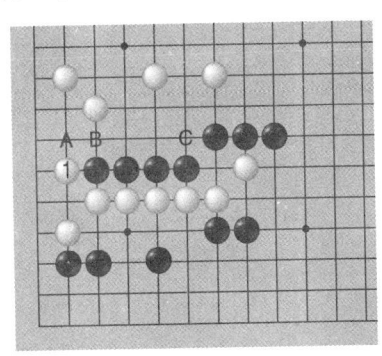

图2-45

此后黑棋无论于A位扳，还是B位曲，都将无法阻止白棋连接。因为黑棋在A位挡，白棋就在B位断，吃黑棋在A位的一子，黑棋在B位曲，白棋就在A位简单地渡过。

图2-46中的扳就用于分断对方子力的连结，它在攻击中极为重要。图中的黑1扳，使白棋的下面四子与上边两子无法连在一起。

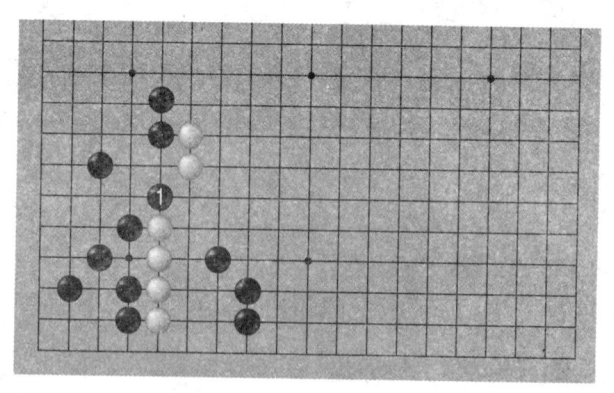

图2-46

以上所讲，无不充分地表明，围棋对局在任何时候，都离不开扳这一手段。

12 夹

"夹"是将敌人一颗棋子夹在中间的走法。分为两种:
(1) 双方棋子紧紧相接的夹。
(2) 双方都隔有空隙的夹。

第1种夹,双方棋子紧紧相接的夹。如图2-47,黑白双方的局面。下面轮到白棋下子。

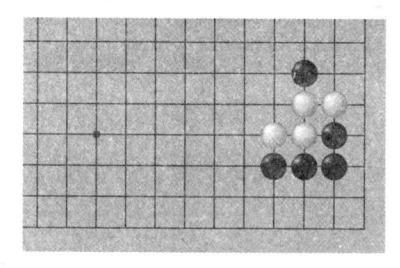

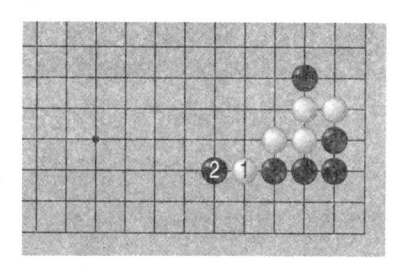

图2-47

图2-48

图2-48 白1扳。白1的意图很明显了,就是想压制黑棋,不让它往外面发展。接下来黑棋下子。

图2-49 黑2落子,将白1紧紧夹在中间。这一手就是夹。

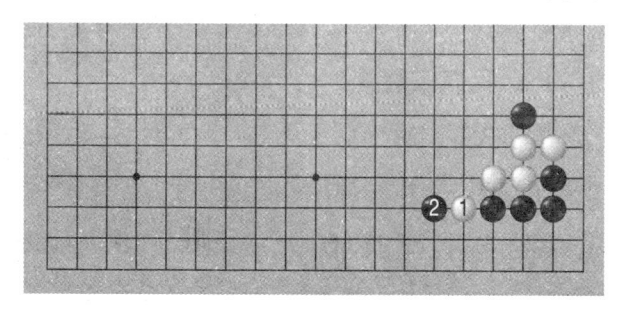

图2-49

第2种夹，双方都隔着空隙的夹。如图2-50，白1这手棋是小飞挂。而面对白棋的小飞挂，黑棋则有多种应对方法，夹就是其中一种。

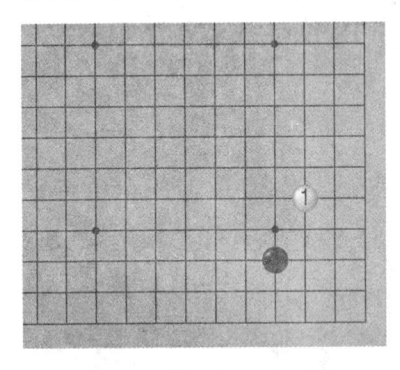

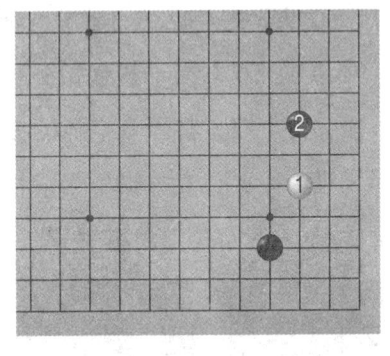

图2-50

图2-51

图2-51 黑2强势反击，反过来将白棋夹在中间，这手棋就是我们讲的第2种夹。这种夹，命名的方法与"挂"相同，根据位置高低可分为：高夹和低夹两种。

高夹，指在4路上的夹。低夹，指在3路上的夹。根据间隙大小又可分为：一间夹和二间夹。一间夹，指双方棋子隔着1条线。二间夹，指双方棋子隔着2条线。

图2-52，我们来看黑2的位置：高度在3路，属于低夹。黑白棋子隔着1条线，属于一间夹。综合起来，它就叫作一间低夹。

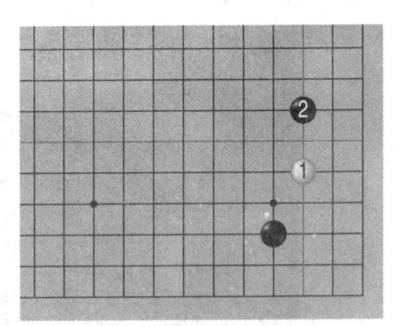

图2-52

13 虎

"虎"的基本意思是说，在原来棋盘上呈尖形二子A点的基础之上，再下一着，使之构成"品"字形状，如图2-53。

虎，还包含有虎口、双虎等术语。虎口就是虎形的三子三面围拢中的空着的那个交叉点。虎口朝上方也就是朝中央则叫上虎，虎口朝下，确切地说朝边角则叫下虎。双虎，则是由三个棋子构成两个断点，三子呈连续小尖状，如图2-54中A处一着棋可同时形成两个虎口。

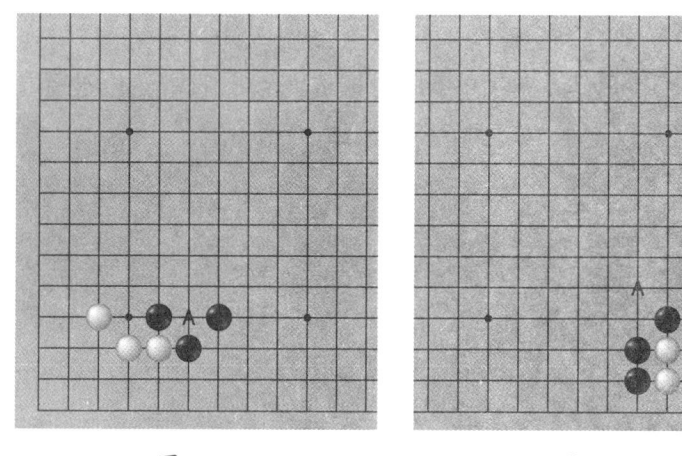

图2-53

图2-54

在了解虎的含义和虎的几种形式之后，我们应该再了解虎的作用，以及对局中什么时候需要虎。

虎是用来使棋盘上己方的棋子连络，也是为了防止对方棋子切断己方连络的手段，有时也作用在活棋中。由于虎状的棋子弹性丰富，适用于作眼，所以在活棋中经常被采用。

虎在对局中既可连络、防断，又可以用来活棋，所以掌握虎这个基本手段，我们就可以在对局中化险为夷了。

下面我们进一步说一说虎的厉害之处。图2-55 黑1虎，便形成了A与B两个虎口，这就同时保护了A与B两个弱点。此时，白棋无法在A点与B点落子，便无法分隔黑棋。而黑棋的一整块棋，有了两只眼后，

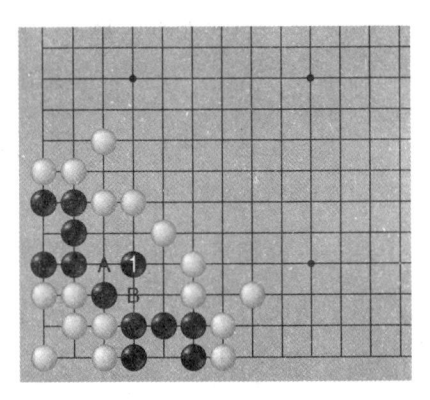

图2-55

便再无所畏惧了。黑1这手同时形成两个虎的棋，也被称为"双虎"。

14 刺

"刺"就是指下一着棋,直接针对对方断点或相当薄弱的环节,促使对方必应。刺含有先手的意义。古代刺的意义多指为刺伤对方眼位或透点一类的着法。现代多与点、觑通用。刺的形状,如图2-56。

图2-56 白1刺,黑2只能接住。按照图形来看,刺也就是棋子在对方虎口外面着子,下一手棋将要进入虎口切断对方的联系。

图2-57 白1刺,要切断黑角上三子与边上两子的连络,黑方这时也必须应棋。所以这种刺也相当厉害。

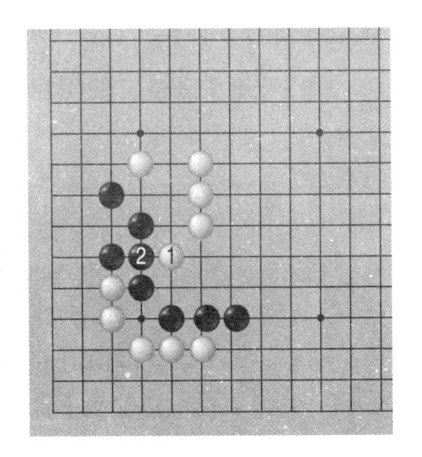

图2-56

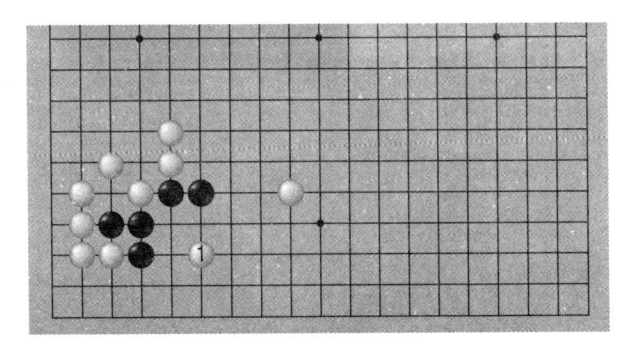

图2-57

15 挤

"挤"是从原来就有的己方棋子出发,继续向敌子集中的地方插进去,使对方原本连结的棋形出现断点或别的毛病,也就是促使对方补棋,有先手的意思。

图2-58 白1挤,使黑棋出现A位的断点,黑必须再补连一手。

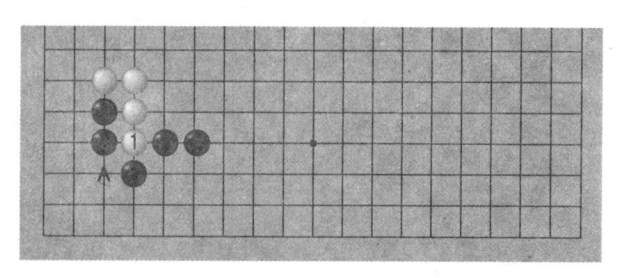

图2-58

挤在对局中多是试探性着法,还有严厉的挤,如图2-59中的白1挤,黑棋出现了A、B两处断点,使白棋必得一处。这时挤是相当厉害的,在中盘战斗中这样的手段千万不能忽略。

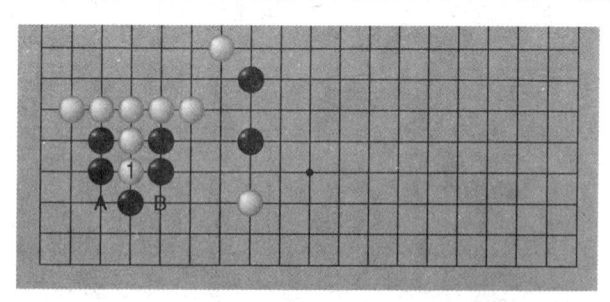

图2-59

16 双

为了防止被对方断开，自己下子把自己的棋子拼连起来（形状如两个单关并列），叫"双"或"双关"，如图2-60的黑1。

双的下法大多都在防止对方分断自己棋时采用。如图2-61中的黑1双，就是为了不让白△一子断开黑棋。

还有一种可先手补断的双。如图2-62中的黑1先手冲，也形成了双的形状，先手补断。这时的这个黑1双基本上与冲兼用了。

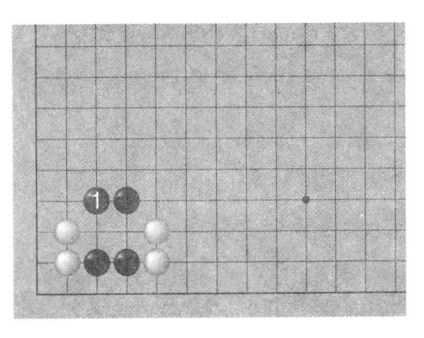

图2-60

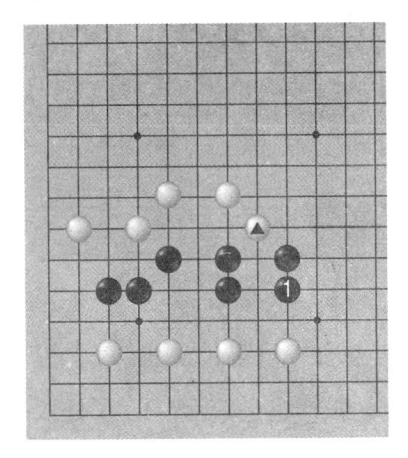

图2-61

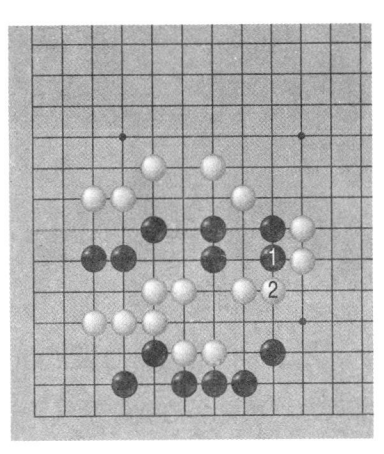

图2-62

双的形状厚实、坚固,是常用的补断方式。俗语常说的"双关似铁壁"就是这个道理了。而在双的两种补断形式中,最好是图2-62的先手双补断。

围棋是一个争夺地盘的游戏,说是一场"战争"也不为过,但是它并不是只有"你死我活",围棋世界里还有一种神奇局面,那就是"双活"。

图2-63 其中3颗白棋和4颗黑棋在外面都没有气了,他们只剩下A、B两点的气。这两气,是黑棋的,也是白棋的,这种气我们叫作"公气",指的是公共使用的意思。

此时,黑白双方均不能下在A、B点紧气,因为在紧对方气的同时也紧自己的气,这样就形成了双活,即使双方都没有眼也是活棋。最后数气时,两个空交叉点,一人填上一颗子。

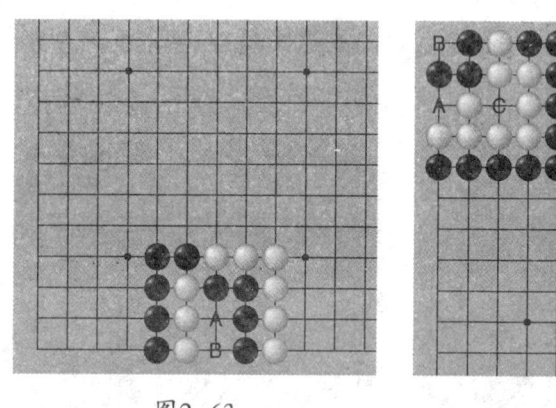

图2-63

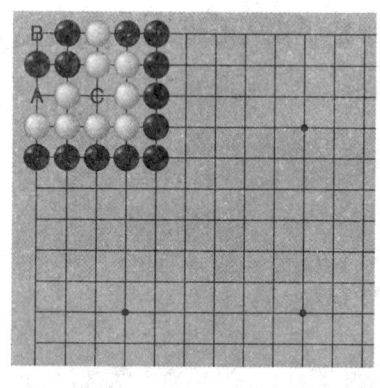

图2-64

图2-64 被包围的黑棋和白棋各有一只眼,A是公气,黑白双方均不能下在A位紧气,这样的棋形也是双活。B、C处双方各有一只眼,将来数气时,公气一人占半目。

17 压

"压"是指紧贴着对方棋子的上方落子。它具有阻挡对方向上发展的作用。压,大概有以下两个特征:

(1)是与敌人紧邻。

(2)是位置在敌人上方。

图2-65 角上黑棋受到白棋两面夹攻。现在轮到黑棋落子,黑1下在O4,贴在了三角形标记的白棋上方,满足了压的两个特征。所以黑1这一步,就叫作"压"。

由于压的特征,没有要求和己方棋子的相对位置。所以,压不仅仅有图2-65这种,还有和跳相结合的压。

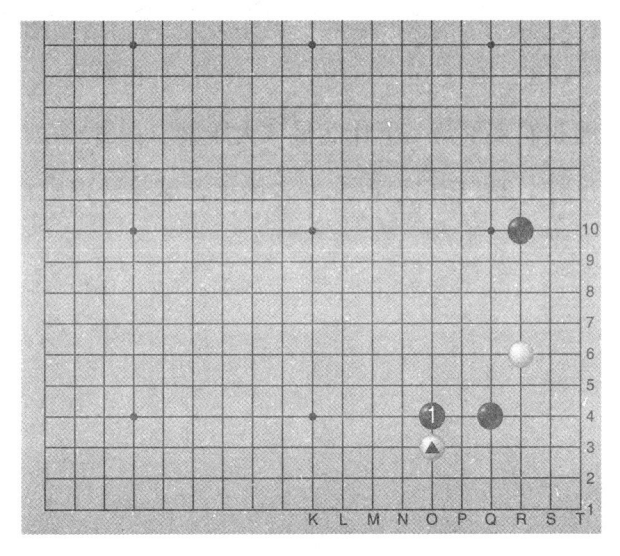

图2-65

图2-66 黑1属于长，同时它也是压。然而，黑1这手压，却并不是好棋。不是说，你压制了别人就一定能成功。有时候，压还不如不压。

因为黑1这步棋，限制了自己的势力范围的增长。同时，还让白棋把自己的棋补强了。所以这就要求我们在下棋的时候，根据具体情况，具体分析，要不要随意压。

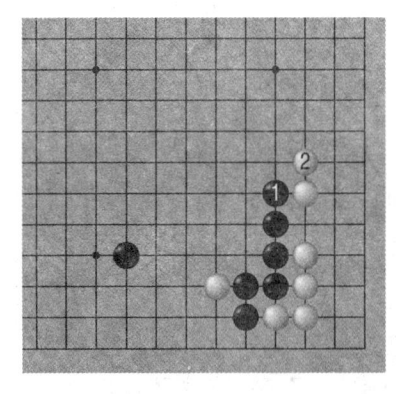

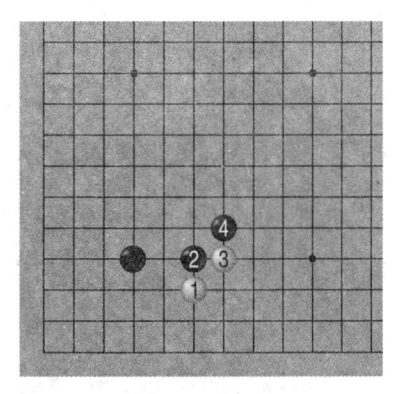

图2-66

图2-67

下面我们来了解一下什么是"大压梁"：图2-67 当白1小飞挂星位时，2靠3扳4连扳称为大压梁，这是一种后着方取势的场合定式。

18 挡

在对方向外冲出时,迎头堵住它的去路,叫"挡",如图2-68的白1。

挡的意思也就是直接阻挡对方侵入自己的地域,或是防止对方棋子冲出包围时,用己方棋子紧靠住对方的棋子,进而行棋的方法。

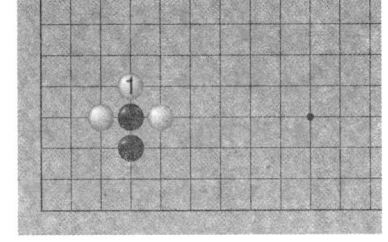

图2-68

如图2-69 黑1就是为了阻挡白棋侵入自己边上地域的下法。

挡的作用也就是含义中所说的那两点:一是阻止对方破自己的空,二是防止对方棋子冲出己方的包围。图2-70中的黑1挡,就是为了不让自己包围住的白五子冲出去。

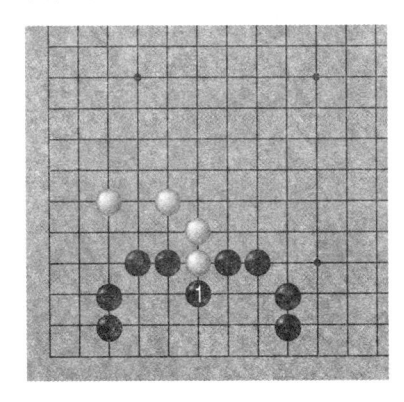

图2-69

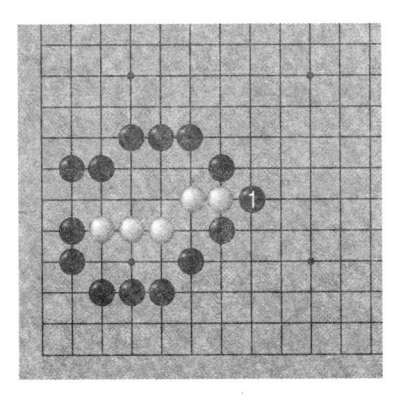

图2-70

图2-71中挡的作用，就是防止破空。图中的黑1挡是为防止白△一子继续侵入黑角上的地域。图2-72黑1挡也是这个意思。

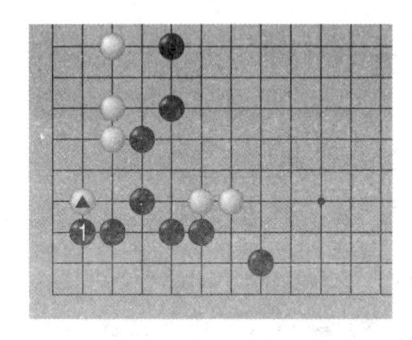

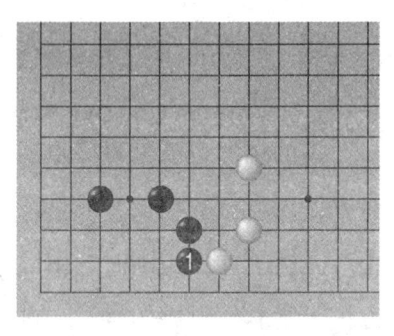

图2-71

图2-72

挡是维护己方利益时常见的手段之一。初学者掌握之后，在防空、吃棋方面会有很大提高。

挡是维护己方利益时常见的一种手段，在掌握之后，可在护空、吃棋方面有很大提高。

挡是为了对付对方进攻的一种防守手段，有时挡是为了防守，有时挡是蓄势待发，暗藏杀机。挡虽然不如进攻那么直接，但是善于挡的人一般都是高手。

往往高手的棋是无懈可击的，而低手走棋处处进攻，反而暴露自己棋形的弱点。所以，该挡还需要挡，一定要把对方挡于进攻之外。

19 曲

紧贴并包围对方棋子的下法叫"曲",也叫"拐"。如图2-73的白1。

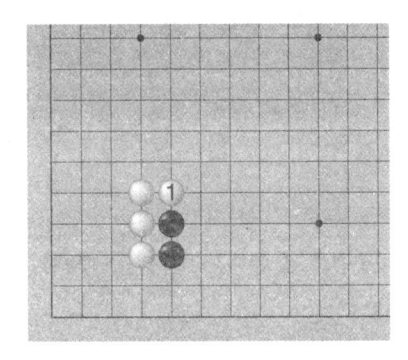

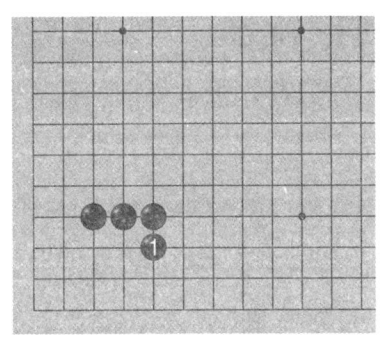

图2-73

图2-74

而图2-74中的黑1,大多数时候是坏棋、愚形。图2-73的曲,则是好棋,力大如牛,把黑棋牢牢地封锁在角部。

在角上有种特殊情况,称为盘角曲四,图2-75。围棋谚语:"盘角曲四,劫尽棋亡。"其实它属于一种特殊的劫,利用"劫尽棋亡"这个特性,便等同于死棋。

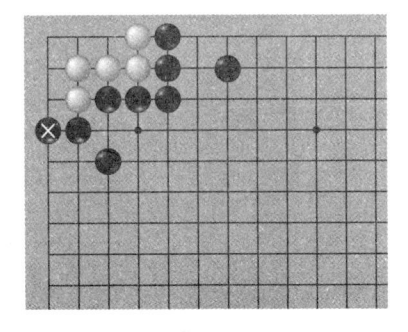

图2-75

20 肩冲

在对方子的斜上方成"尖"的位置上下子,叫作"肩冲",图2-76的白1。

肩冲,是古老的叫法,一般指对对方"三三守角"的一种压迫方法,而尖冲是现在的一种叫法,意思大致与肩冲相同。

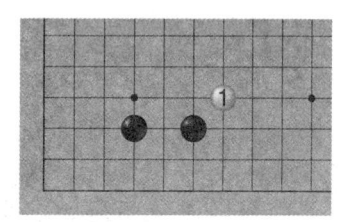

图2-76

图2-77为侵消方式的尖冲。右边黑很厚实,白1是消黑棋的重要点位。

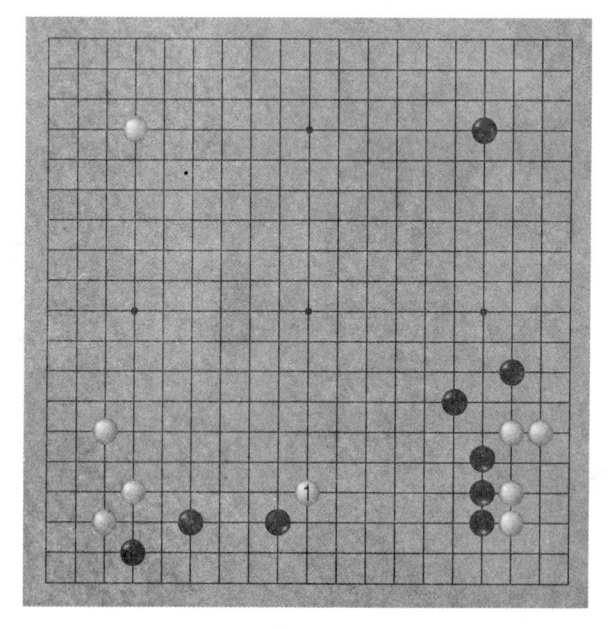

图2-77

图2-78 为压迫方式的尖冲。黑1迫白连回,封锁外面,构筑右上的模样。

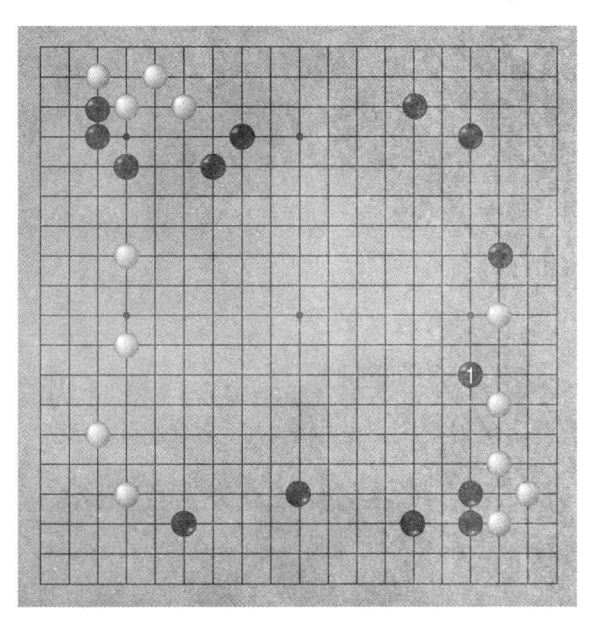

图2-78

图2-79 白1即是肩冲。对付三三,从来只有肩冲这一种下法,是针对位低而压迫的有力手法。但现今这种着法已有所不同,所以下法上也不仅限于肩冲一种了。

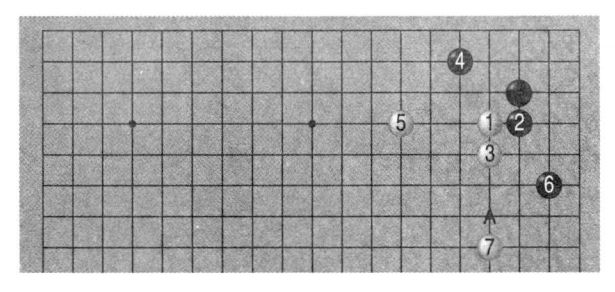

图2-79

21 靠或搭

紧靠对方子的旁边下子，旁边还有己方的子做配合，这种下法叫"靠"或"搭"，如图2-80中的白1。

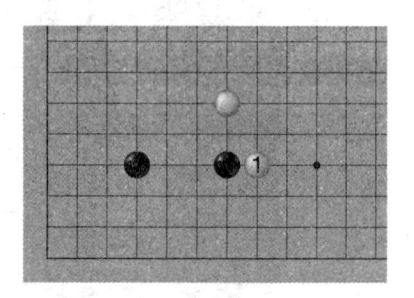

图2-81 白棋在边上被黑棋围住，没有足够的空间做眼。这里，白棋若使用靠的手法，应该在哪里靠呢？

图2-80

图2-82 白1落在P14，紧紧倚靠在Q14的黑棋上。白1这一步就是靠。接下来，会有两种情况。

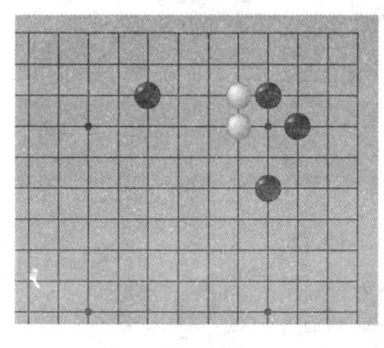

图2-81 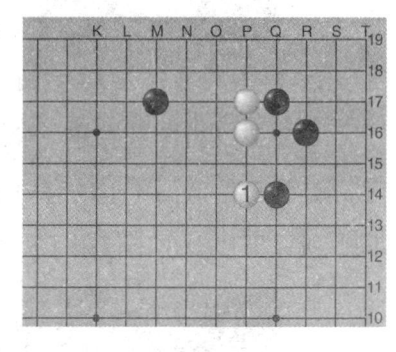　　　　　图2-82

第一种情况，如图2-83，黑2直接应白棋，而是在左边跳，白棋的机会就会来临，白3趁机扳下去。黑棋就会呈现颓势。

如此，黑4会先立下，巩固自己。然后白5定会粘上。这时候，白棋就可以成功压制黑棋，获得向外行棋的机会了。

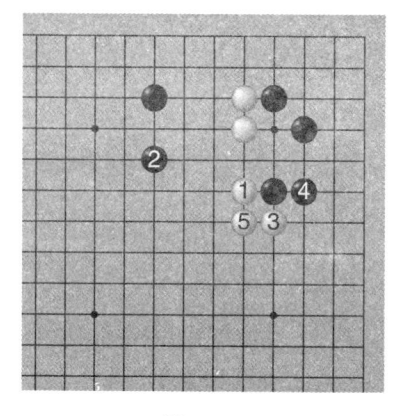

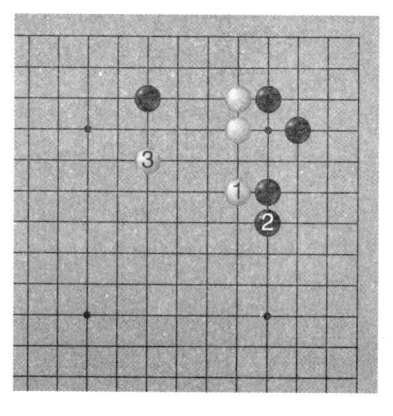

图2-83　　　　　　　图2-84

第二种情况，如图2-84，黑棋为了不被压制，黑2长了一手。然后，白3大飞。这样一来，白棋也可以向外行棋了。如前所述，白1的靠，就能够成功出头。

还有靠单这一说法，指在单子里面靠住，其目的是将对方走重形成凝形，这样可以使对方子的效率降低。

总之，靠在围棋中的作用是：以靠连络，以靠出头，以靠对杀，以靠吃子，靠压攻击，以靠腾挪，以靠打入。

22 尖顶

紧靠对方棋子并使己方的子在"尖"的位置的下法叫"尖顶",如图2-85中的白1。

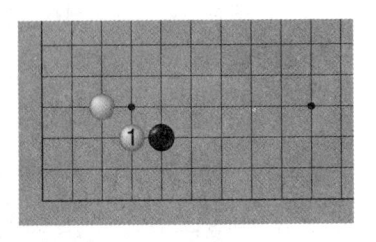

围棋中的顶,是指以己方棋子为起点。用长或尖的手法,与敌人相撞的一手棋。它大概有以下3个特征:

图2-85

(1)是我方已经有1颗棋子。

(2)是使用尖或长的走法。

(3)是与敌人棋子相撞。

满足这3个条件,就能产生顶的效果。

图2-86 黑棋3颗棋子想占更多地域,白棋肯定不会答应,所以白棋展开小飞挂。

图2-87 白棋出着小飞挂,黑棋有众多棋子接应,可以正面对攻。所以黑1尖,同时与白棋相撞,选择了硬碰硬的走法。而这就是顶。因为与尖结合,所以又称尖顶。

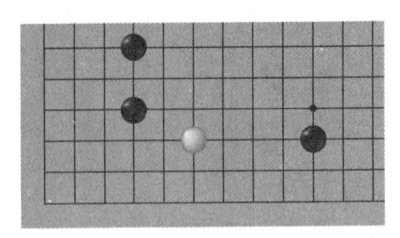

图2-86 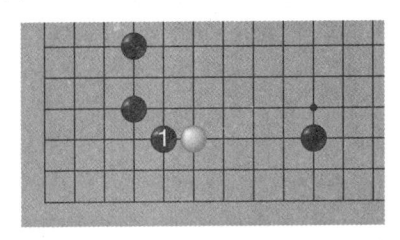　　　　　　图2-87

23 退

和对方接触的子,向己方其他子的方向延伸一子叫"退",如图2-88中的白1。

退,从字义中就能明白,这是向后退的一手棋。围棋中,它需要满足以下两个特征:一是在双方接触后;二是远离对方,靠近己方的长,称为退。

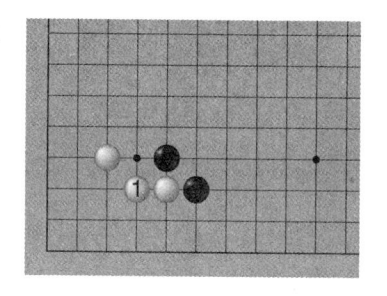

图2-88

因此,退也是长的一种。

图2-89 白棋与黑棋已经接触,并且白1以尖形挡住了黑棋的另一面。这手棋我们前面有过介绍,它叫作扳。

图2-90 在这种情况下,黑棋遇到白棋的扳后,在远离白方靠近黑方E3位置落子。黑2的这手棋,我们就称为退。

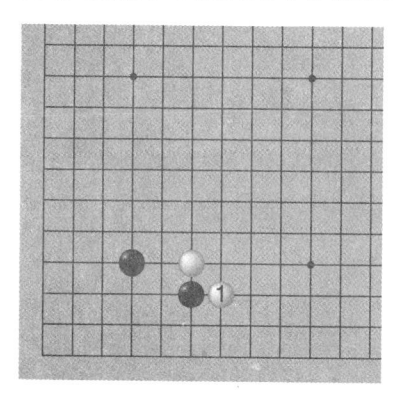

图2-89

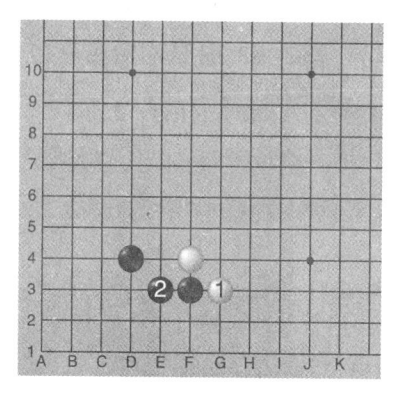

图2-90

24 镇

在与对方的直线空一路的上方下一个子,叫作"镇",如图2-91中的白1。

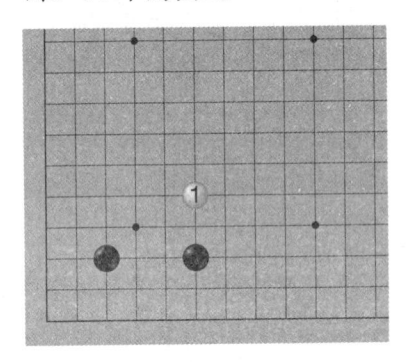

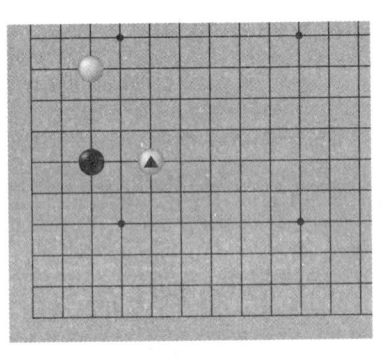

图2-91　　　　　　　　图2-92

镇是阻挡对方向中央发展,攻击对方薄棋,削减对方势力的重要手段。图2-92中的白△对黑子就是攻击意识较强的镇。

图2-93 白△相对白星位的一子来说是"飞",那么,白△相对于黑原有的一子来说是什么呢?这就是镇。

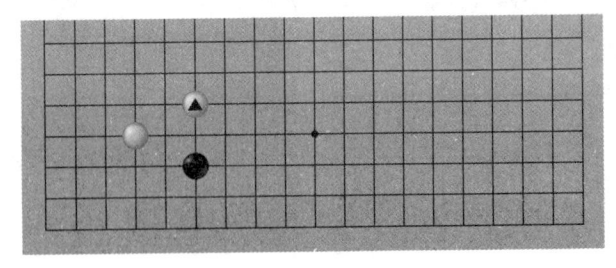

图2-93

25 并

"并"可以在与敌子相接触的时候下子。

并就是在棋盘上原有的棋子旁边的同一线路上紧挨着下子。如图2-94中的白1与白△一子在同一线路上紧挨着下子，就是并。

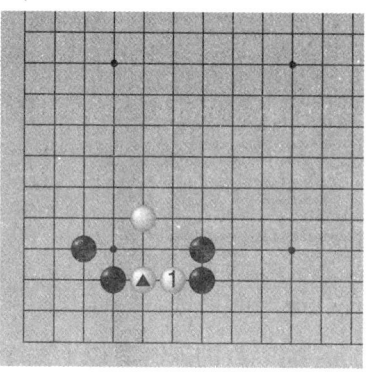

图2-94

并一般都作用于加强自己与连接时，图2-95中的黑1并，就是为了让自己角边上的棋强硬起来，不会被白压住头。

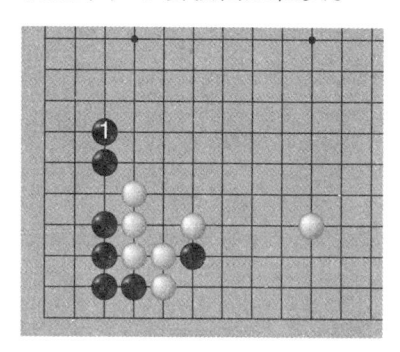

图2-95

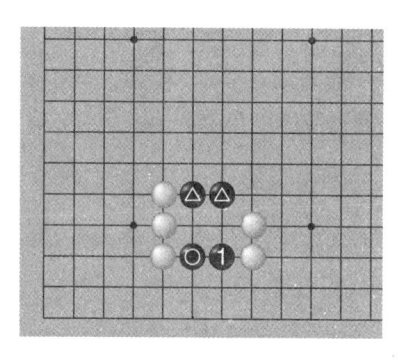

图2-96

图2-96中的并是属于连接的并，同时它也叫双。黑1连接住了黑○一子和黑△二子。

在棋子的连接中，并是一种很常用的手段。

26 掖

在对方成"尖"形的两个子的交叉处下一子叫"掖",掖一定是要下在对方成尖围棋子的交叉点上,和对方的两个子都是相连的。如图2-97中的白1。

围棋中,嵌(或卡)是一种紧贴敌人缺陷处的走法,经常可以发挥很强的杀伤作用。在一些书的介绍中,嵌、卡、掖都存在混用的情况,因此我们要学会区分。

大多数的嵌,有以下两个特点:

(1)它是单独的一颗棋子,气数上是独立的。

(2)发生在敌人"尖"形的一侧。

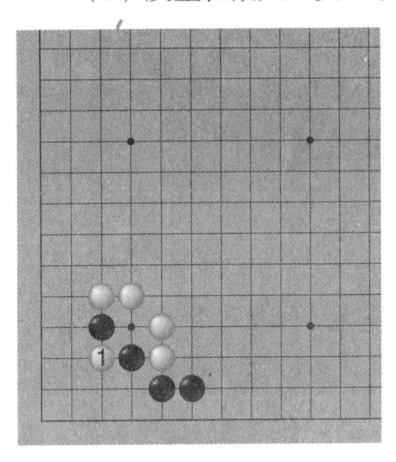

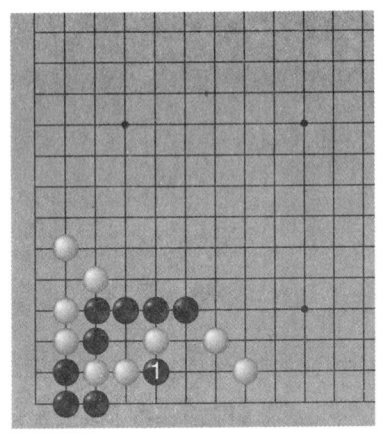

图2-97 图2-98

图2-98 黑1紧贴在白棋"尖"形一侧落子。并且它自己的气是独立的,黑1就是一手嵌。

27 渡

"渡"是指在棋盘的边线上（一般在3路以下），在对方棋子的底下放一子，把自己两部分被隔离的棋子连接上，叫渡。它有3个很明显的特征：

（1）位置低，1路或2路上落子。

（2）从敌方棋子下方通过。

（3）连接两边棋形。如图2-99的白1。

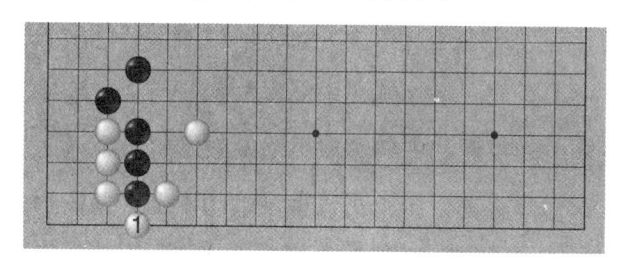

图2-99

下面我们再具体了解一下渡。

图2-100 黑棋分为左右两边。左边黑棋比较危险，被白棋彻底包围在角落里，并且，它没有足够空间做出两只眼。

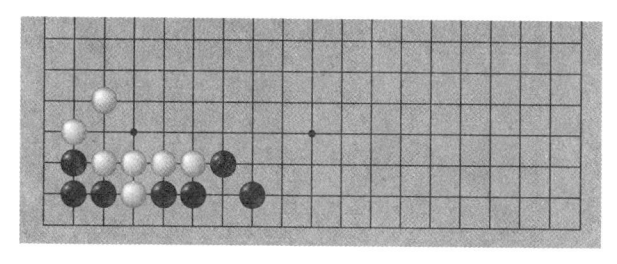

图2-100

图2-101 为了救出角上的黑棋，黑1在D1处落子，成功连接左右两边的棋子。黑1这手棋，就像一只船，承载着白棋，又同时连通了两岸的黑棋，所以称它为渡。

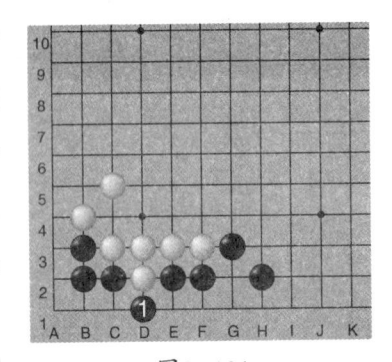

图2-101

从渡的3个特征来看，它不像长、尖、跳这些手段，有固定形状。它可以和很多手段结合，如：尖渡、扳渡、跳渡、飞渡等。

清代施定庵在《凡遇要处总诀》中说："反敲、盘渡并宜防。"所谓盘渡，是指棋局中弱棋、孤子与强棋连络的迂回战术。在这里，棋理和古代军事谋略的战术思想不谋而合。

让我们来具体了解一下几种渡的图形吧！图2-102。

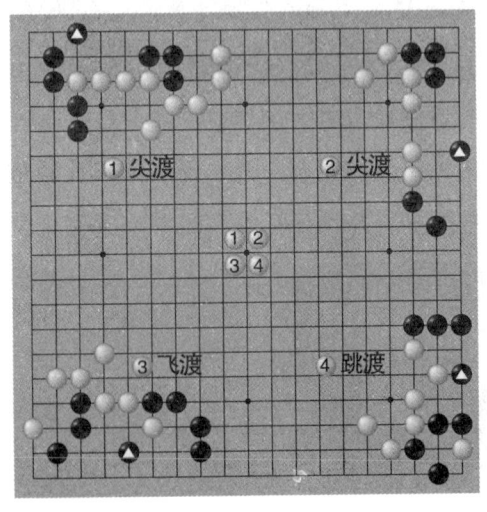

图2-102

28 碰

在对方棋子的旁边紧挨着下一子叫"碰",如图2-103的白1。它大概有以下3个特征:

(1)己方落子是单独1子,没有援军相连。

(2)只与对方1子相接触。

(3)在敌人侧面。

碰在对局中的作用也很大,

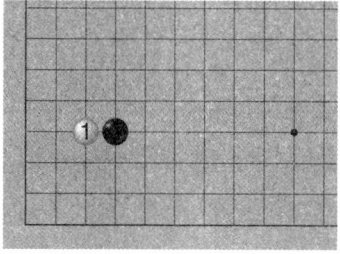

图2-103

它可以试探对方虚实、强弱,可以用于侵入,可以利用碰来完善己方棋子形状。如想使局势复杂,还可以利用碰来寻求变化。

图2-104 中碰是为了让黑棋应手,等待机会破坏黑势。白1碰后,黑是吃不死这个白子的,所以在对局中就可以根据时机或占地做活,或与黑棋腾挪周旋,在A位碰同是一个效果。

图2-105 还可以利用碰来完善棋形,使自己的棋富有弹

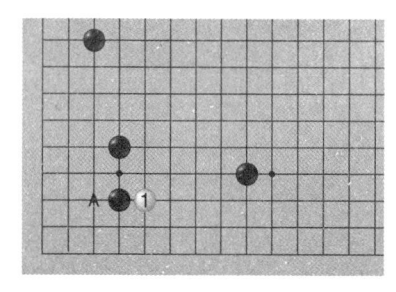

图2-104

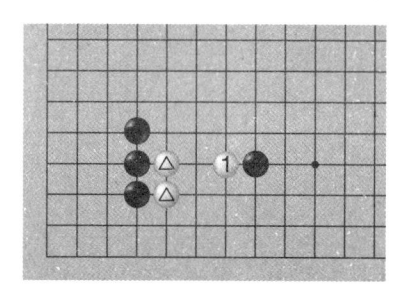

图2-105

性、丰富、厚实、容易做活。图中白1碰便是为了使自己的白△两子形状易于求活。

如果求变和追求复杂可见图2-106。白1子碰在黑△子旁边，以静待动，以求在复杂变化中得胜。

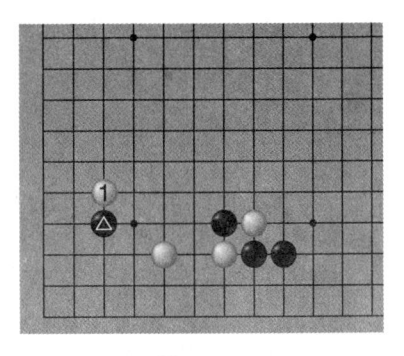

图2-106

碰的特点就是贴近肉搏战，对方如果不应的话，我方无论是扳在哪一边，对方都不堪忍受。但是无论怎么应，都不免会加强我方碰一子的势力。

如此，就是给予对方的间接攻击，而这正是我方所要达成的目的。若是直接攻击没有好的选点时，那么我方不如迂回一下，再次寻求机会。

碰有迫使对方产生不得不应的压力，所以是攻击中极好的突破口和切入点。

以上便是碰的含义、形式与用途，以后我们在实战中遇到对方围起厚阵或他强己弱时，便可以利用碰来解围了。

29 点

在对方的要害之处下一子叫"点",图2-107就是最简单的点了。黑1点在白棋直三的中间,白棋就成为死棋。同理,下在弯三、丁四等棋形要处,也可以叫作点。

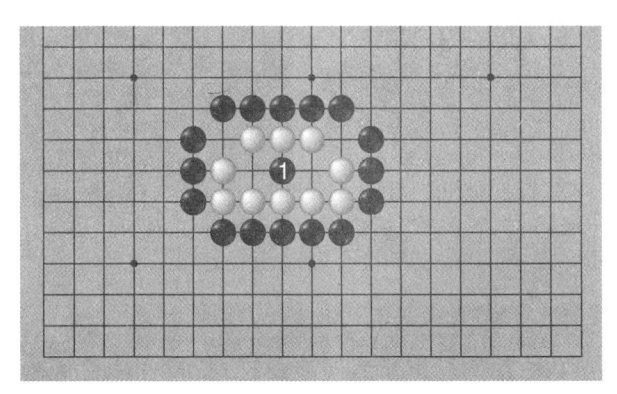

图2-107

图2-108 黑1也叫作点,因为它下在了白棋做眼的关键点上。而白棋被黑1如此一点,就已经没有活路了。

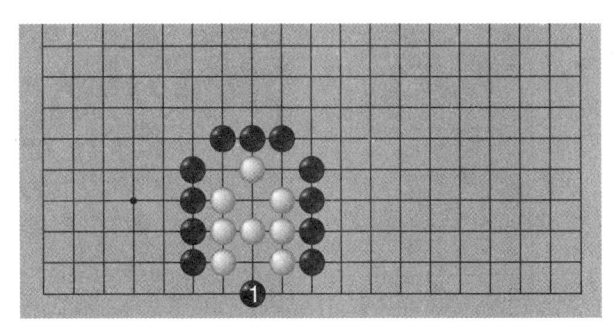

图2-108

30 打入

在对方控制的地方投子叫"打入",打入的关键是"打"字,要深入打击对方的要害,中心开花,分割敌人,甚至包围和歼灭对手的部分棋子。如图2-109中的白1。

打入是一种积极的作战手段。一般来说,打入的目的有两个:

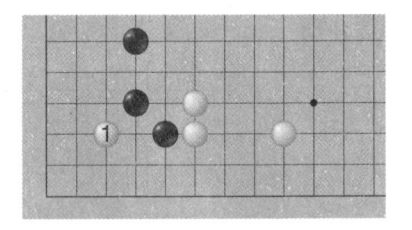

图2-109

(1)为了切断对方的连络而进行攻击。

(2)为了彻底破坏对方所围的领地。

图2-110双方行棋至此便涉及打入问题,现在轮到白方行

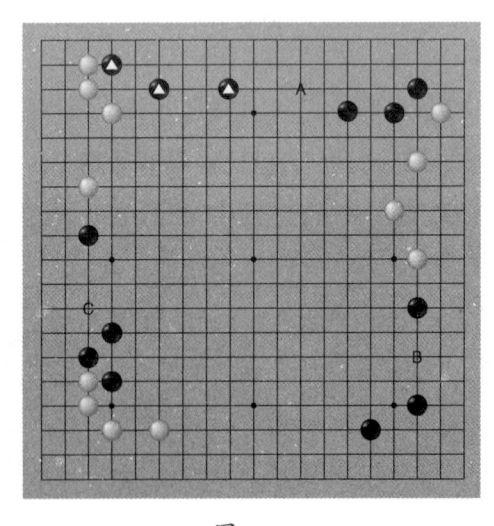

图2-110

棋，要先找打入点，在上边的黑阵中黑△3子与右上角之间的距离较宽，所以A点一带有打入，或者在右下角B点一带有打入，在左边黑形的C点一带也有打入点。

打入首先要选择对方方阵中容易与己方之棋相连通的点。如图2-111 白棋形状坚实，不怕攻，但左下角黑方旗形距离较宽，所以白方要伺机打入。

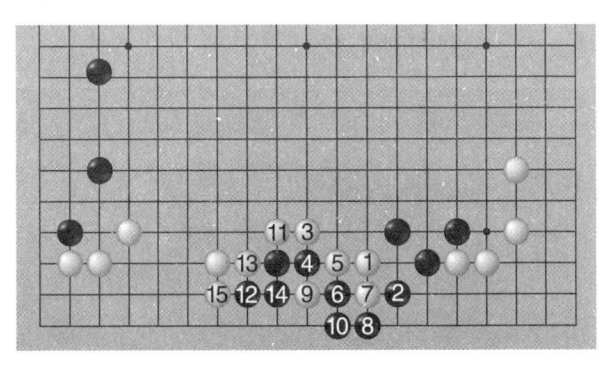

图2-111

打入是需要掌握技巧的，打入的一些基本技术有：打入的目的、打入的时机、打入的选点与应对、打入与侵消的抉择等。

在对方的阵势中，点角也可算是一种打入，它的特点是容易就地活棋。但是，点角并非无条件，而是要根据实战的情况而定。

打入是布局向中盘阶段过渡的常用战术，在适合打入的场合下，选择正确的打入选点，通过深入敌阵闪转腾挪而取得战果，是每位棋手们需要多见识多思考的必修一课。

31　打劫和打二还一

打劫，是指黑白双方两个虎口相对时，会出现双方互相提一颗子，形成永无止尽的局面。所以围棋规则中规定，提子后要在其他地方走一手才可以回来提子，也就是说要隔一手提子。如图2-112就是打劫形状。

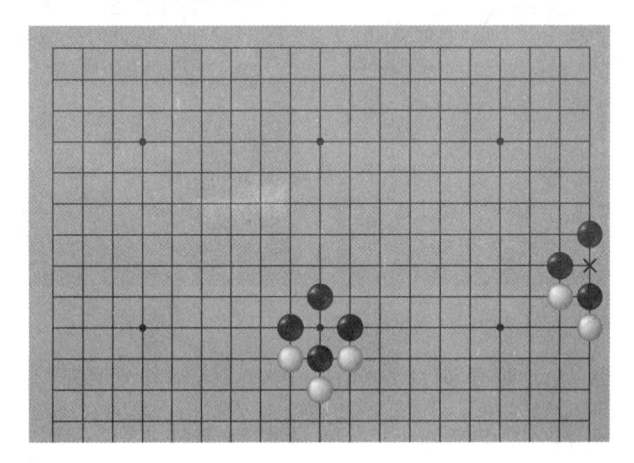

图2-112

当一方提掉另一方2个子时，另一方可以立即回提1个子。如图2-113 黑1提白2个子，图2-114 白立即走1位提黑子，这

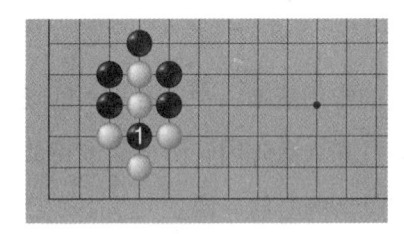

图2-113 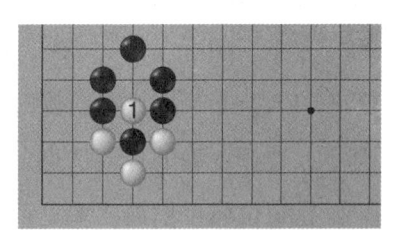　　　　　　　　图2-114

即是"打二还一"。

此外还有"打三还一""打四还一",同"打二还一"一样,均可立即回提一子。但是它们都不属于打劫之列。

让我们来观察一下图2-115,看看哪一种棋行是"打二还一"呢?哪些是"打三还一"呢?

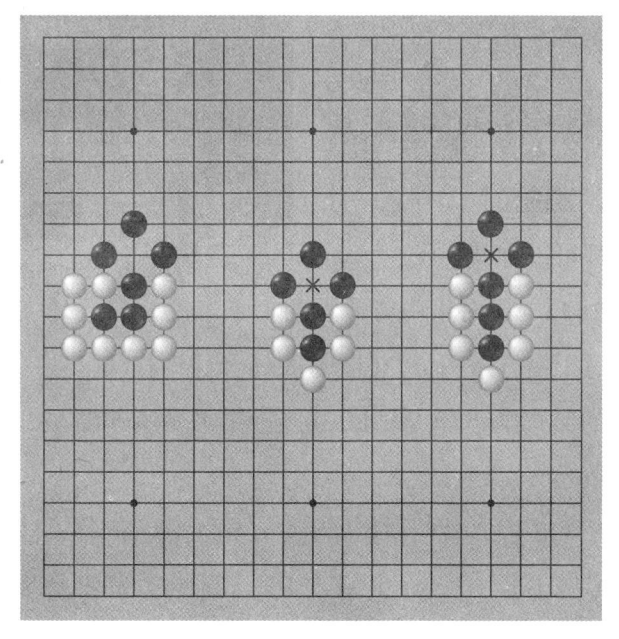

图2-115

其实正确答案是:图2-115中间为打二还一,两边则为打三还一。

对于围棋爱好者们来说有一个好消息,那就是"下棋的对手也和你一样不了解打劫"。所以只要你掌握打劫,就可以打破僵局,将对手逼入窘境,在胜负关键之处牢牢地把握胜局。

32 飞

从原有棋子出发，向"日"字形的对角线交点处下一子叫"飞"，也叫"小飞"。

图2-116 相对于图中原有的白棋一子来说，无论白方在A、B、C、D、E、F、G、H这些字母代表的位置上任意一处行棋，都可以称其为飞。

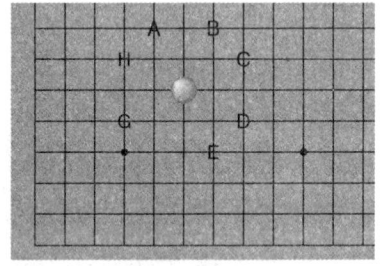

图2-116

图2-117 相对于白方原有的一子来说，白△是飞。反过来，相对于白方△一子，白原有的一子也叫作飞。

飞的形式里还有"大飞"。它是指在原有棋子呈"目"字形的对角线交点处行棋。

图2-118 白△就叫白棋原有一子的大飞。同样，假若白方今后在A、B、C、D、E、F、G任何一处行棋，都叫大飞。

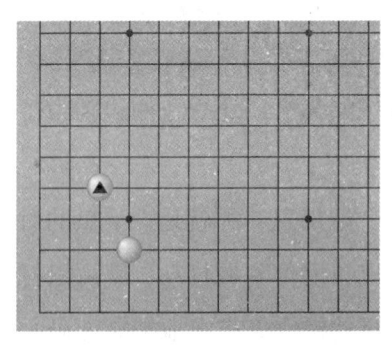

图2-117 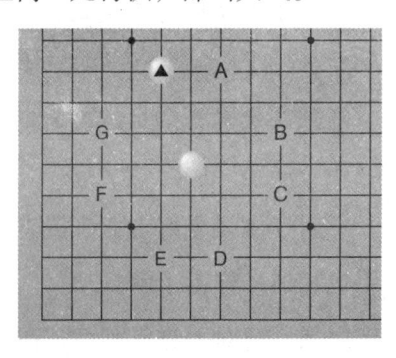　　　　　　图2-118

33 跨

围棋中的"跨",指的是你把棋从对方棋形上跨过去。具体情况需要满足4个条件:

(1)对方棋子呈小飞形状。

(2)己方棋子和对方这个小飞没有接触。

(3)己方再以跳或小飞,穿过对方的小飞。

(4)己方棋子穿过对方小飞后,紧紧挨着对方小飞的一颗棋子。

所以跨也就有对应的两种。这里我们先了解一下和跳结合的跨。

图2-119 黑棋如此待着。两颗白棋成小飞的形状。这时候,我们可以很清晰地判断出两点:白棋有小飞棋形了;双方没有接触。这样就满足了(1)和(2)两个条件。

图2-120 黑1跳了一手,并且穿过了白棋的小飞,满足了条件(3)。而黑1还和白△标记的白棋挨在一起了,这又满足了条件(4)。那么这个黑1就是跨了。

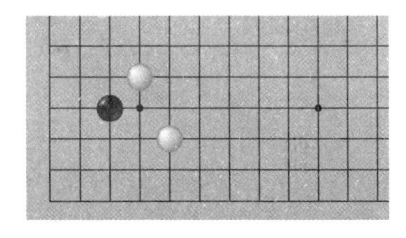

图2-119 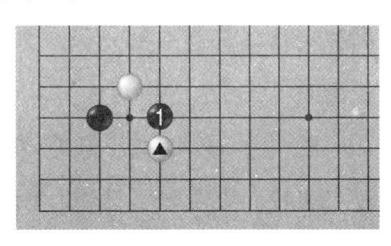　　图2-120

34 扑

故意往对方虎口里填子让吃的手段叫"扑",如图2-121中的白1。了解了扑的手段,我们来学习一种比较阴险的吃子方法——倒扑。倒扑,可以说是一种特殊的扑。因为,倒扑之后,可以马上提子。

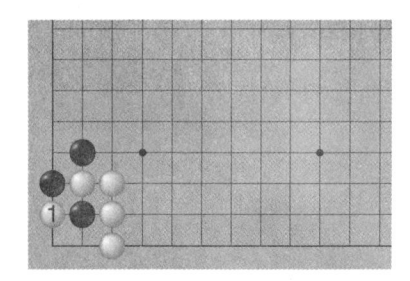

图2-121

图2-122

图2-122,黑棋想要吃掉白棋三颗棋子,可以从A点或者B点打吃。我们先来看在A点打吃的变化。

图2-123 黑1在A点打吃,白2接上,同时打吃了黑1,黑3也需要接上。如此一来,黑棋却是什么都没有吃到,反而还丧失了先手。

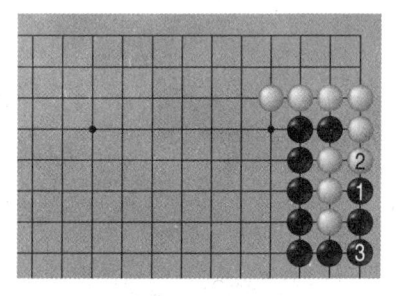

既然黑棋在A点打吃失败,那我们来看看,黑棋在B点打吃又会有什么样的结果。

图2-123

图2-124 接图2-122,黑1倒扑,同时打吃了白棋,白2现

在有两个选择，其中一个就是提掉黑棋，如图2-125。

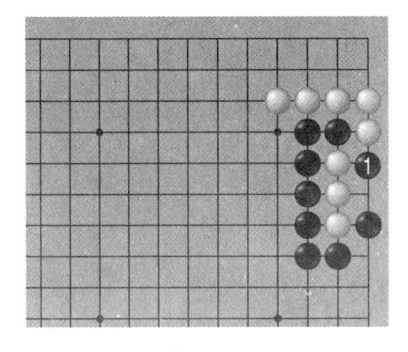

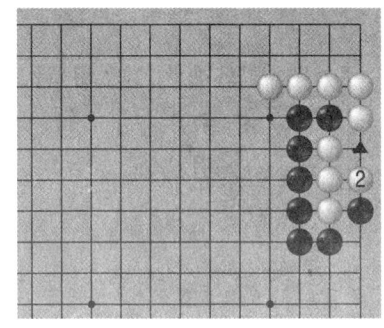

图2-124　　　　　　　　图2-125

这时，黑棋就可以反提4颗白棋。白2虽然也能提掉黑1，但是只会被对方多吃掉一颗棋，所以白棋最好不要提，而是考虑在其他位置下子。

35 爬

靠近底边同长一手相似的手段叫作"爬"。对应到围棋里，爬有以下两个特征：一是它是长的一种，二是它的落子在1、2路上。如图2-126中的白1。

爬可以用于做活、连络、占地、搜根等。

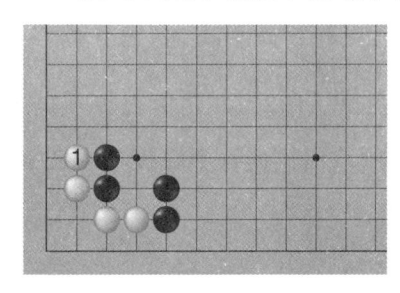

图2-126　　　　　　图2-127

因为爬的条件限制在低位，所以做活中很常用。如图2-127中黑1爬就很关键，是这块黑棋唯一的做活手段。

由此可见掌握爬这一手段，在围棋活棋中极有用处。

爬还可以把两块孤棋连在一起。如图2-128中黑1就是在白△子压迫下，在二线上与另一块黑棋连上的爬的手段。

在围棋复杂的攻防战斗中，简单的爬也起着很大作用，它因为位置低，所以很适应搜取对方的根据地。

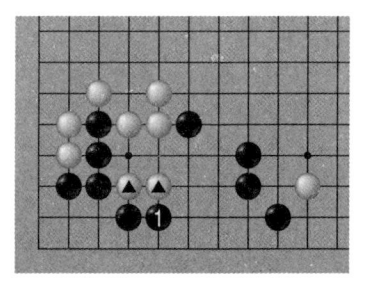

图2-128

图2-129 中的黑1爬,不仅破坏了白棋的眼位,使白棋危在旦夕,而且自己还占据了实地×点。

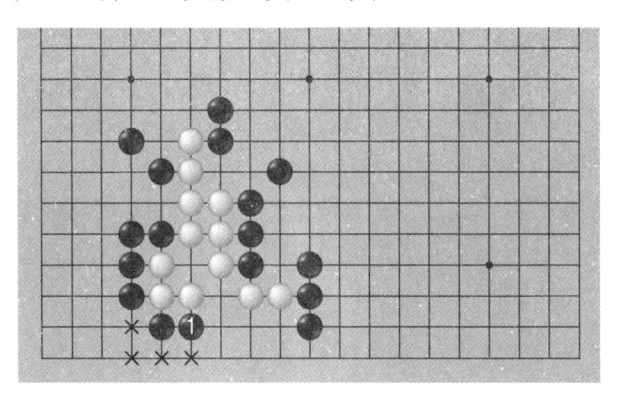

图2-129

爬是指一方的棋子在对方的压迫下,沿着边上低位也就是一线或二线的位置上长。

棋盘由纵横各19条等距离、垂直交叉的平行线构成,形成361个交叉点。最外面一条边线叫作一路,倒数第二条线称为"二路"。从目数上看,二路爬很小。

一般是在活棋时,或者巩固自身棋形破坏对方棋形时采用二路爬。如果在布局阶段或者中盘阶段过多使用二路爬,必然会落后,所以要少用,要多关注棋盘上其他的大场。

36 封

阻住对方中腹发展的出路，还把对方封于自己的包围圈之中，这样的手段称之为"封"，如图2-130白1。

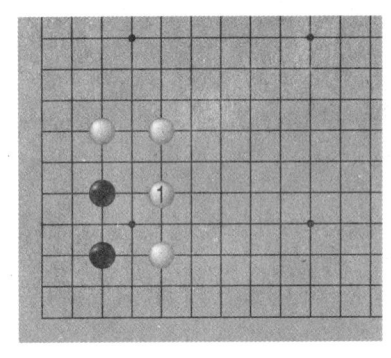

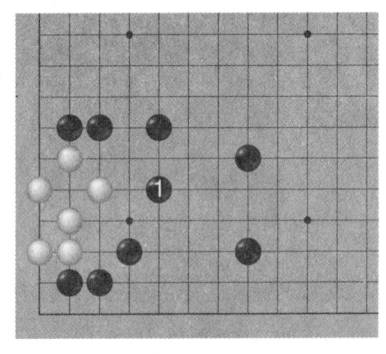

图2-130　　　　　图2-131

封在围棋对局中作用很大，它有利于形成自己的势力，可以用于攻击、吃棋、阻止对方发展。如图2-131中黑1的封，不仅防止了白棋向外扩展，还形成了自己的黑棋势力。

图2-131中黑1封住了白子发展后可能形成的左下角的强大势力，由此可以看出封的作用极大。若是能够高效率地运用封这一手段，我们就可以在中盘或是布局时下得如鱼得水。

围棋术语的封千万莫要和封棋弄混了。在重大比赛中，可采用封棋制度。当比赛到达规定封棋时间，而对局尚未结束，已下子一方应该立即退场，轮下子一方思考后把准备下的点写在记录纸上，然后密封交给裁判员。在续赛时比赛继续进行。

37 冲

从自己原有的棋子出发，向对方"关"形中间的空隙冲击，叫作"冲"。

冲经常是运用自己强的一面去阻击对方，将对方的棋分成两块，以利于寻找机会消灭对方。

图2-132 白△两子是"关"的形状，A位是"关"形中的空交叉点，若是黑方在A位行棋就可以说成是冲。

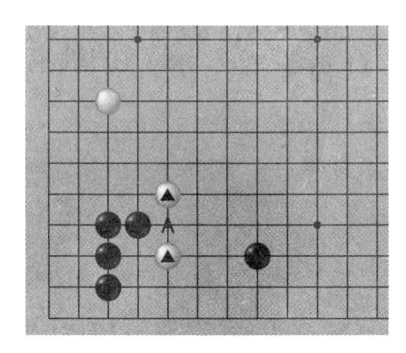

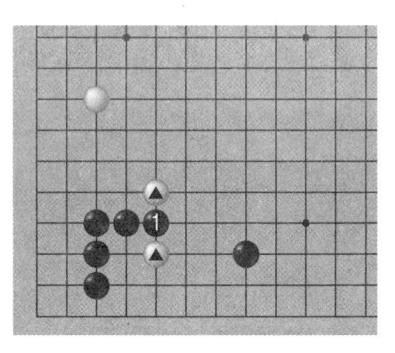

图2-132　　　　　图2-133

再来看图2-133，这是黑1冲过时的图形，黑1把白"关"形的两个棋子分开了。此时，就算白棋在黑1的右边挡，白棋也会出现上下两个断点，成为裂形。

冲在行棋过程中可以用来压迫或侵消对方，一般多是下在四线，针对对方三线棋子。

38 托

围棋中的"托",是指紧紧挨着对方三、四线上棋子下面着子的走法。

图2-134 黑棋3颗,白棋1颗,3个打1个,黑棋明显占据上风。这时候的白棋只好退让,换个地方做活。如图2-135 白1下在黑棋的下面,这一手就是托。

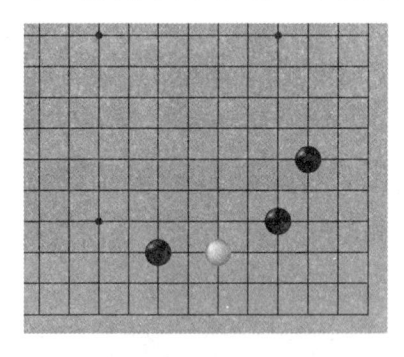

图2-134

图2-135

除了以上的这种托,还有一种更为常见的托。

图2-136 面对黑1的一间高挂,白2这一手就是托。这种托,也是应对高挂的常用着法之一。

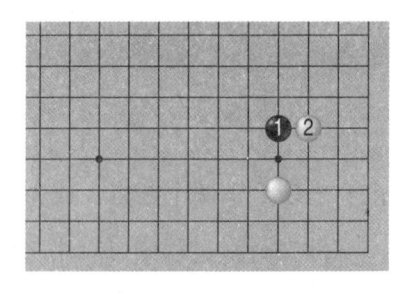

图2-136

除了以上两种常见托,其实还有一种比较高技巧的托,让我们来看看下例:

图2-137 黑棋3颗棋子都在三线上。

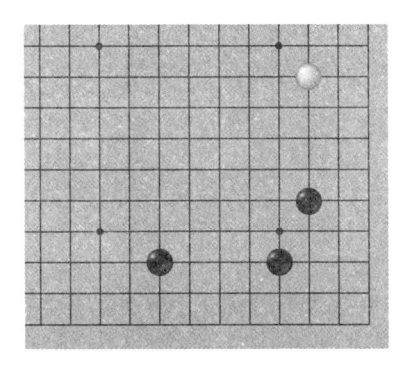

图2-137 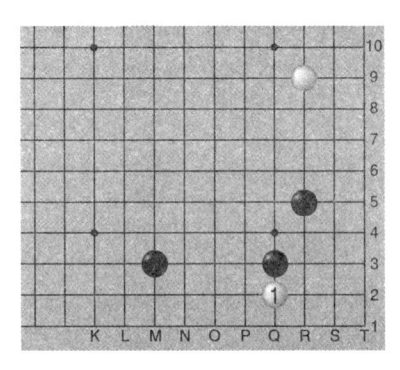　　　　　　　图2-138

图2-138，白1此时于Q2落子，正在Q3黑棋下方，此手棋就叫作托。

托的基本意思也就是指在边角上在对方棋子的下边落子。托含有多种用途，可适用于托角、托边、托渡，具有占地、攻击、连络等多种意义。

托角也就是从外部向角内采用托的着法，意思在于分占对方角里的地域，也就是要占地。

托渡就是指用托的着法兼起沿着边渡过的作用，也就是利用托起连络作用。托渡这一手段在对局中可使两块很危险也就是还没有活的棋连络在一起，起着躲过敌方攻击的作用。

托边含有占地、补强自己和攻击对方多种意义。

趣味链接

现代围棋等级的划分：级位是相对比较初级的水平，一般从25级开始，数字越小代表的水平越高，25级为最弱，1级为最强。级位的评定有些地区会有差异，有的地方以20级为起始，很多网络平台则是以18级为起始。

级位以上便是段位，段位与级位相反，从1段开始，数字越大实力越强。业余最高段位为7段，职业最高段位为九段。一般用阿拉伯数字表示业余段位，汉字则是表示职业段位。

围棋口诀

一块棋盘长又方，纵横交错十九行。
四角四边九星位，天元雄踞在中央。

围棋规则

气是宝，不可少，数气方法要记好；
只剩一气叫打吃，没气之子要提掉。
双打吃，真巧妙，总有一处逃不掉；
抱吃、枷吃和门吃，打吃方向很重要；
方向错了吃不了，方向对了逃不掉。
靠近敌人要勇敢，我来做个小警察。

第三章 胜负判定

围棋终局后,怎样计算胜负呢?怎样判断谁输谁赢呢?简单地说,围棋中的胜负可以概括为:谁围得地域大谁就是胜者,反之,就是败者。

01 比目法

比目法是我国最早的判定围棋胜负的方法。围棋东传日本是在唐代之前,因此在日本一千多年的围棋历史里,始终是以比目法作为胜负的计算标准。后来围棋由日本传往世界各地,比目法也随之流传过去,因此,世界各地判定围棋胜负的方法也采用的是比目法。

什么是"目"呢?由活子所围成的空点就是目,1个空点是1目。一盘棋下完之后,看谁围得空点较多谁就获胜。目也被称为"路"。比目法的特点是强调棋子的围地效能,没有被围到空的棋子称为单官,在比目法里单官完全没有作用。

例一

图3-1 角上黑棋有8个空点,也就是8目棋。

图3-2 黑1是无意义的一手棋,在比目法里角上黑棋现在只有7目了。换句话说,黑1不但没有增加空点,反而减少了自己的空点。

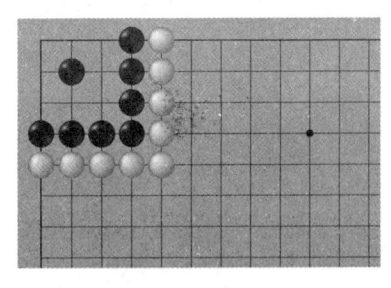

图3-1 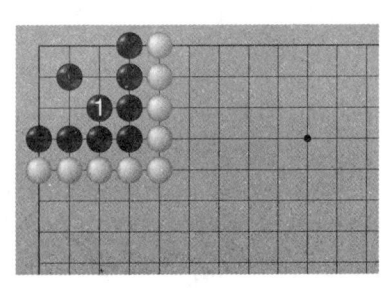   图3-2

例二

每一颗死子是1目，最后计算的时候死子要填在空点里。譬如，黑棋围了40目，但有6颗棋子被白棋杀掉，那么黑棋就只有34目了。

图3-3 现在角上黑棋有5目，加上白棋两颗死子是4目，角上的黑棋就共有9目。白棋两颗死子拿掉之后，黑棋就多出2目，而两颗白棋死子还要填掉白棋2目，所以提掉的死子是1目，留在棋盘上的死子是2目。

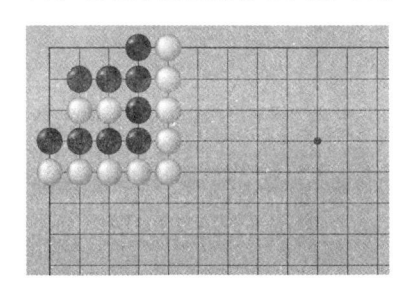

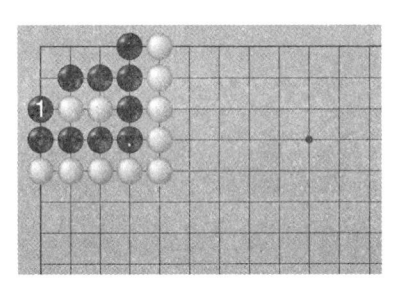

图3-3　　　　　　　　　图3-4

图3-4 黑1提两个白子，在比目法里是损手，角上黑棋由9目变成8目。

但是比目法有一个缺陷之处，那就是死子不能由提取来证明，这一点很麻烦。特别是初学围棋者，死活判断不是那么准确，多下一手就损失1目。要是双方对死活产生歧义，就会很难确定最终结果。

比目法为了方便计算起见，还要"作空"。作空时在不影响空域的情况下，可以移动一些棋子，然后把零乱的空点变成整齐的一块空，这样可使计算方便一些。

02 数子法

数子法是围棋比赛结束时的一种计分方式，数子法和比目法相比有一个明显的优越之处，那就是死活可以用提取来证明。数子法的计算标准是把和棋所有的活子加起来，看谁活的棋子多谁就是胜利者。缺点就是会导致棋形破坏，有碍观瞻。

图3-5 比目法黑棋是8目。

图3-6 黑棋一定要有两个眼才能活，去掉两个眼之后，黑棋总共活了14子。

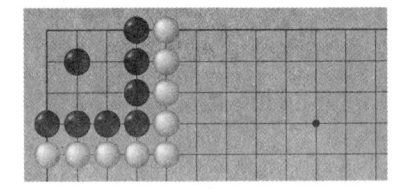

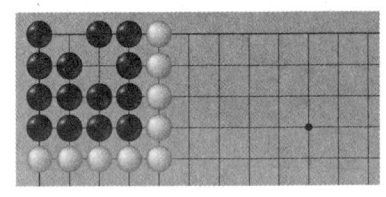

图3-5

图3-6

图3-7 黑1虽然是无用之着，但无损于角上空域，黑棋下与不下都只能活14子。

图3-8 要证明白棋两个子的死活很简单，只要提取就可以。黑子不会因提取而减少，这是数子法最大的长处。

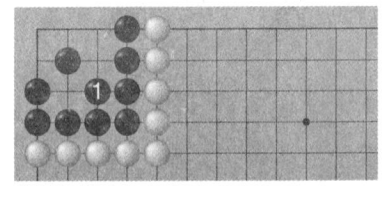

图3-7

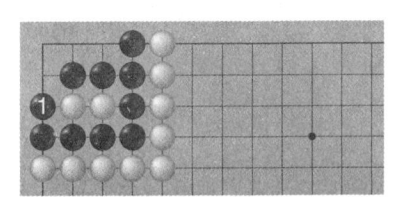

图3-8

因为每一块棋最后都要留两个眼,所以块数比较多的一方,在数子法中就要吃亏了。真正数子法的计算方法是以棋盘总点数361为准,单数一方就可知道,谁多一块就扣谁1子,这是所谓"块头还子"。

目前,我国所用的数子法已没有块头还子的规定,在361点的棋盘上,超过181即为胜利者,这是从配合比目法的需要出发而制定的新数子法。

13路的棋盘总共有169点,谁超过85子谁就取得了胜利。现在黑棋有87子,白棋就不用查了,获胜方一定是黑方。那么黑棋到底是赢多少呢?169点的一半是84子半,黑棋有87子,相减之后黑棋多出2子半,也就是说黑棋赢了2子半,但正式比赛中黑方要贴5目。

为了计算方便,数子法也需"作空"。把棋子全部填满后再一颗一颗数太费时间,不如拿掉一些棋子,把空域作成一块整数,再数剩余棋子就会节省时间。不过这种方法会将整个棋形破坏,万一数错了就无法查证,这是数子法的一大弊端。

数子法为中国规则与应氏规则所采用。对局双方需收尽单官,将活子及活子所围之空计为领地,白方加上贴目后,总和较多的一方获胜。

与比目法相比,数子法逻辑性较完整,且不需保留死子。因需计之点众多,中国式数子法先要"做棋",将某方领地调整为10的倍数的小方块,再数余子,此时比较棋盒中的余子即可知胜负。

03　计点法

计点法也称应氏计点制，是与中国规则、日韩规则并列的三大围棋规则之一。应昌期先生于1974年发明"填满计点"及"除穷任择"，1990年又发明"劫分争揽"，前后16年终于达成"绝无判例、几无和棋"之完备计点制围棋规则。

从表面上看计点法与数子法没什么两样，也是以棋盘总点数361为准，谁超过半数谁就获胜。一块活棋中，棋子是1点，空也是1点。道理和数子法完全一样，但是计点法要较数字法精密些，计算时不会破坏棋形，也容易查证。

对初学围棋的人来说，利用计点法比较好，现在我们来看看计点法的计算方法。

图3-9 终局的棋形。使用计点法有一个准备工作，那就是

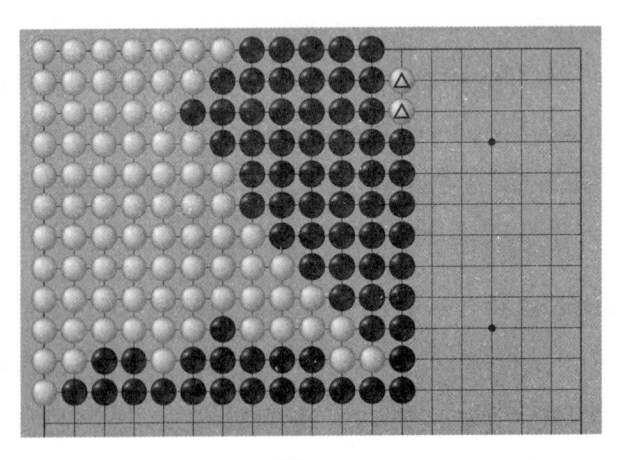

图3-9

下棋之前先把棋子算好。

19路棋盘，黑子180颗，白子180颗。

17路棋盘，黑子144颗，白子144颗。

15路棋盘，黑子122颗，白子122颗。

13路棋盘，黑子84颗，白子84颗。

11路棋盘，黑子60颗，白子60颗。

9路棋盘，黑子40颗，白子40颗。

现在把棋子填满，但要注意保持棋形的完整，罐子里剩余的棋子都要拿出来填，如果有棋子没地方可摆，表示空不够大，输了；如果还有多余的空，就是胜利者。

现在黑棋多出3个空，白棋两个子没地方摆，只好借用黑空来放，显而易见黑棋赢了，那么，黑棋是赢几点呢？

黑子80颗全部放在棋盘上是80点，加上多出的3个空也是3点，黑棋总共有83点。白子只有78颗棋子在棋上，所以白棋是78点。由此可知黑棋胜5点。还有一个最简单的方法是：多出的棋子加上多出的空就是胜负的答案。

特别是只填一方的计点法具有许多优点：同数子法相比，它不破坏棋形，并且它以只填一方来取代只数一方，填后只需数一下白方盘外的少许剩子便知胜负，操作上也比数子法更为简便。

综合以上三种胜负判定方式，即比目法、数子法和计点法，比较之下计点法最为实用。

趣味链接

周东侯是清代围棋十大家之一,被誉为"江南一只虎"。他的棋路古怪多变,不拘一格,最擅长攻杀。他认为,下棋是为了研究棋艺,而不是为了输赢。所以,他赢了不骄傲,输了也不气馁。

后来,黄龙士棋盖天下,当时棋手望风而靡,只有周东侯一人敢与他对弈。人称黄龙士为龙,周东侯为虎,二人连番激斗,互有胜负,被时人称誉为"龙士如龙,东侯如虎",遂有"黄龙周虎"之名。

围棋口诀

棋同形,不准许;打劫慎,公活喜;
地界明,子数细;胜负定,棋终局。

围棋规则

十九条线九颗星,棋盘位置要记清。
棋子下在交叉点,围空数子比输赢。
不穿脏衣穿新衣,不走愚形走好形。
愚形难看围空少,好形漂亮没毛病。
走向宽处求发展,先角后边安好家。

第四章 定式基础

在围棋博弈的局部战斗中，用最稳妥的顺序，而且能经得住以后的检验，从而被固定下来的棋形就是定式。这只有相对含义，非自然法则，行棋中出"变着"也为常见。

01 定式概念

定式就是指布局时在角上双方均能接受的、合理的下法。这种合理性是相对而言的，它代表了棋手的主观意愿，不受常规下法的束缚。你认为这样下好，就可以这样下，你认为这样下欠妥，就可以选择另一种下法。

有些下法在局部形成两分形势，合情合理；有些下法从局部看是不合理甚至吃了亏的，但这种吃亏却符合了全局的作战要求，这也是可取的。正是基于这种思想，定式的种类林林总总，难以计数。

作为优秀棋手，须根据形势选择最佳定式并灵活运用，亦正亦奇，出奇制胜，是取得优势的关键。正所谓"兵形象水，因地而制形，因敌而制胜，能与敌变化而取胜者谓之神"。

时代在进步，围棋也在不断发展，定式也并不是一成不变的。在高手的布局中，我们常可以看到新的变化不断涌现。所以，只有不断地去了解新的定式，开拓自己的思路，不依赖已有的定式，我们才能够在围棋之路上走得更远。

定式出现在一盘棋的布局阶段和序盘阶段，虽然是针对局部（主要是角部）变化的研究，但是一盘棋一旦开始，就应当以全局作为构思维度。

02 定式讲解

定式之"定"只有相对含义，定式经过历史沿革，可见其非自然法则，乃人之发明，而且行棋中出"变着"也为常见。"定式"之束缚，打破"思维定式"和行棋惯例，进而天马行空，追求随心所欲而不逾矩的境界。

这些定式都是高手大智慧的结晶。

当你的围棋水平不是很高的时候，就需要多记定式。当围棋水平可以的时候，可以活用定式，根据周边的子利，选择最利于自己的定式。当围棋水平非常高的时候，那么就要学会理解定式，在不同场合，可以下不同定式，需要有丢局部得全局的能力。

说起定式，大家最熟悉的莫过于围棋的定式了，大凡喜欢围棋的都知道，要下好围棋就得记一些定式，诸如小目定式、高目定式、星定式、大斜定式，等等。

这些大的定式下面又详细分为尖、夹、压、托、飞等基本形，基本形后面有不同的变形等。古今中外的棋手，经过多次对弈实践，对于角上着子，逐渐形成的一些被公认比较妥善的程式，即是通常所说的"起手式"。

03 稳妥的顺序

在围棋博弈中,"稳妥的顺序"可以这样解释:面对纷乱的变化可能,定式避免了计算带来的认知超载,并由于经过前人检验,其结果有可预测性且相对对等。

从这个意义上说,定式所依据的不是客观上的绝对均衡,而是主观上双方都不愿意看到一开始就纷乱失控的局面而做的妥协。定式成为可能也是因为局部对全局的战略意义尚不明了。但对于高手来说,定式的选择运用早有战略的企图,只是我们尚不能领会而已。

从这一角度看定式,也可以有意识地打破定式的意义,一方面,打破定式是追求利益最大化,即优化选择的必然结果,因为定式作为双方满意的权宜之计不可能考虑到周围和全局的变数;另一方面,打破定式也可以是心理战术,给对方造成心理压力,因为增加了棋的变数和不可预测性。

世界围棋三大难解定式分别为:妖刀、大雪崩、大斜。这些定式不仅步数复杂,而且里面还有许多玄机和骗着。如果有喜欢下战斗形定式的,不妨尝试一下。

围棋中著名的大斜定式,小目高挂两间高夹中的大斜,经常被称之为妖刀,小目两间高夹外靠被称作"村正妖刀",其变化复杂,围棋的顶尖高手也把它视为能杀敌也能伤自己的"双刃剑",一般不敢轻试。

第四章 定式基础

村正妖刀是业余棋手最容易中着的定式，与大斜和大雪崩合称围棋三大难解定式。

雪崩定式最早由日本业余棋手以疑问形式提出，后由当时的日本棋院理事长长谷川章研究后首次于20世纪40年代在正式比赛中下出。

大雪崩定式的演化经过了将近一百年历程，变化脉络相对较为清晰，其变革主线首先是贴目，随着贴目增大，执黑一方往往会不满足于过去的定式，转而追求更高的效率。

黑目0外，白小目挂角时，黑3大飞罩，称为大斜。对此，如白正面应战，将会产生成百上千的复杂变化，号称"大斜千变"。

当然，在小目三间低夹、三间高夹、四间夹的场合，挂角一方也可以采取大飞罩手段来应对，也可以叫作大斜。对于大斜白棋可以考虑的应对手段有A位跨断、B位并、C位尖、D位托，其中跨断以后的变化有可能走向战斗形。

趣味链接

1957年2月20日，著名围棋大师吴清源在第一届日本最强者决定战中对阵高川格的时候，下出了内拐变化。黑棋在29引征之后，白棋走雪崩形，黑棋走出内拐变化。虽然是吴清源走出的内拐变化，但是当时黑白的应对都还稍有一些次序问题。至此，雪崩定式翻开了崭新的一页。

围棋口诀

棋相接，抢出头，攻防断点是关键。
长若爬，跳若行，隔二三间若跑奔。
抱结团，是愚形，行棋伸展讲效率。
有打吃，常保存，弱敌走强我自弱。
扭十子，长一方，二三子头要连扳。
补断点，要讲形，接双飞虎拆一边。

围棋规则

做死活，找眼位，缩眼扩眼第一点。
双眼活，棋安心，真眼假眼看清晰。
直曲三，点中间，直四曲四是活棋。
团四死，丁四死，板五花五点即死。

第五章　常用定式

定式的种类很多，所以只能选择一些具有代表性的基本定式。对于初学者来说，能将这些定式熟记下来并能灵活运用也就够了。

01 小目定式

图5-1 黑棋1的位置就叫作小目。作为分先下法的第一手棋,最先在这里落子是非常多的。白2与黑1的距离是小飞,所以叫小飞挂。对白2,黑棋有A、B、C、D、E、F等种种应法。

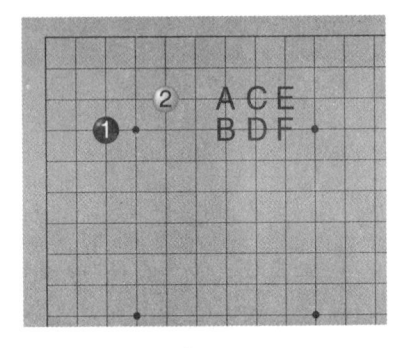

图5-1

1. 小飞挂·一间低夹

图5-2 黑1、3对白2形成夹攻之势,与白2只间隔一路,因此叫一间低夹。

白4飞压是对付一间低夹常用的战法。黑5属稳健之着。至白12是两分定式。白子的要领是弃掉左面一子。

图5-3 白4违反了弃子要领。黑5长出后,白被困住。

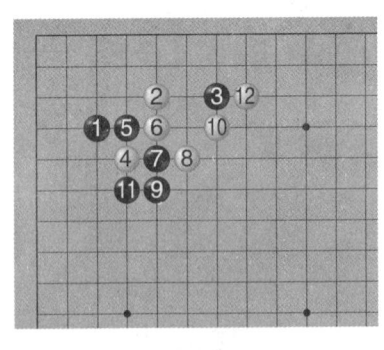

图5-2

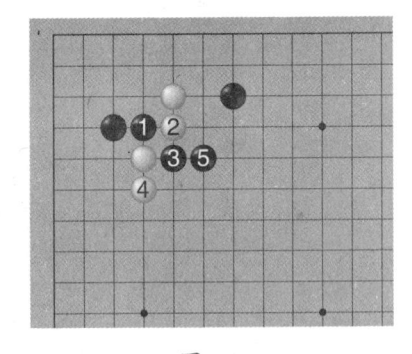

图5-3

图5-4 白2托、4虎，是想尽早在角上求得安定的下法。此后，A位即成为双方的好点。

图5-5 黑1是兼顾实利与眼形的好点。白2虽然加强了黑势，但也确保了自己的眼位。

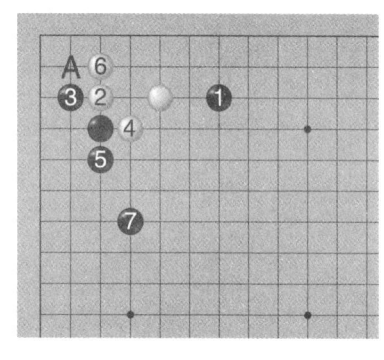

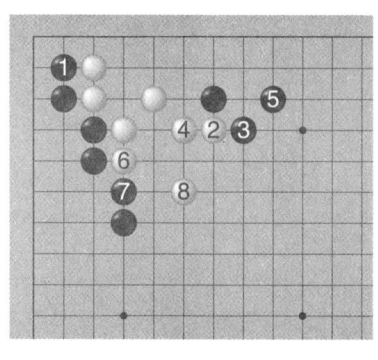

图5-4

图5-5

图5-6 黑子在重视外势的情况下，可以在黑1位尖封。白2、黑3交换后，白若走A位，黑B位置是好形。

2. 小飞挂·二间低夹

图5-7 黑3的夹与一间低夹相比要远出一路，所以叫二间低夹。这种走法在棋中常用。

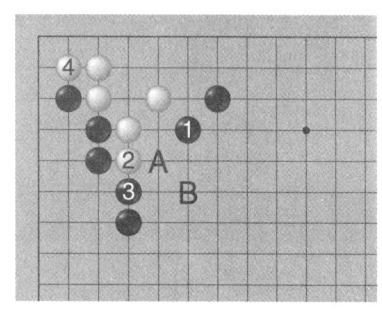

图5-6

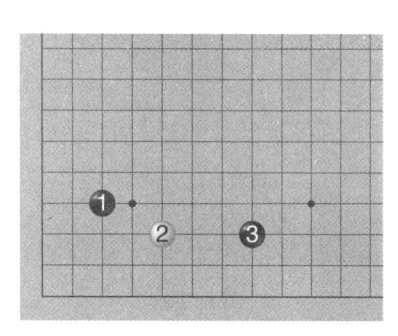

图5-7

图5-8 白1飞压是最常见的走法。黑2长稳健。白3跳是轻快的走法。白7也有在B位虎的,至黑8成为两分。

图5-9 黑1时白也有在2位跳的。黑3顶时,白4挤、6粘是好手,到黑9止。白得到先手。

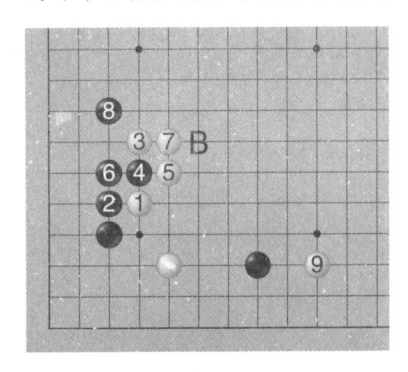

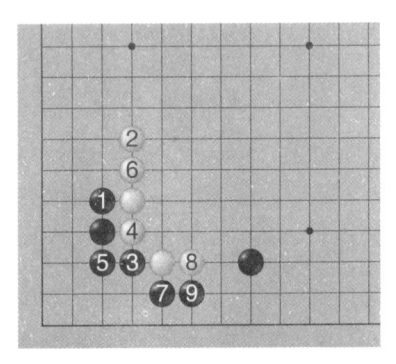

图5-8

图5-9

图5-10 白1托,至5在角上定形是完全从安全角度出发。黑4若在5位扳就弄颠倒了。

图5-11 续前图。黑1封锁,白2压一手后可以在4位曲定形。不宜走白A、黑B。

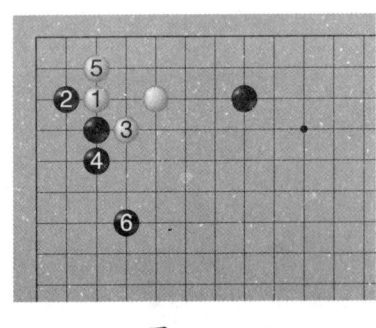

图5-10

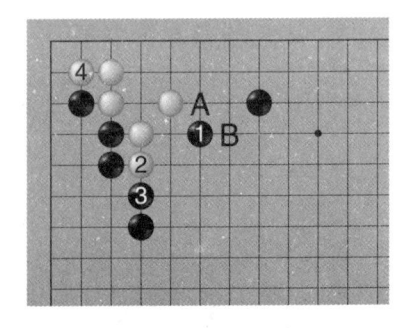

图5-11

图5-12 对于白1的二间跳,黑2应普遍。白可以在3位走,

此后，黑有A、B、C等应法。

3. 小飞挂·三间低夹

图5-13 黑3的位置即是三间低夹。这种走法在实战中并不多见。

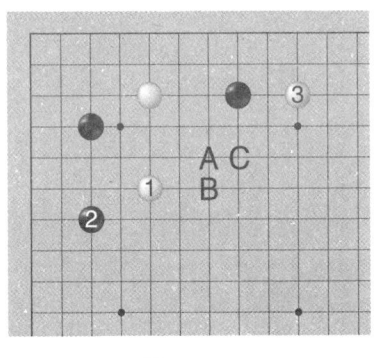

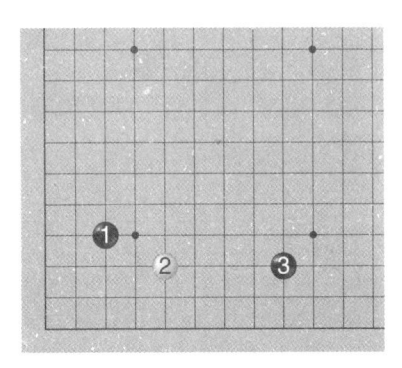

图5-12

图5-13

图5-14 白2、4托虎是旧定式，由于黑5有6位扳打的变化，所以现在定式中白2改为4位尖靠。

图5-15 白2尖靠被认为是正确的次序。黑1间距远，黑3于4位立下的可能性小。

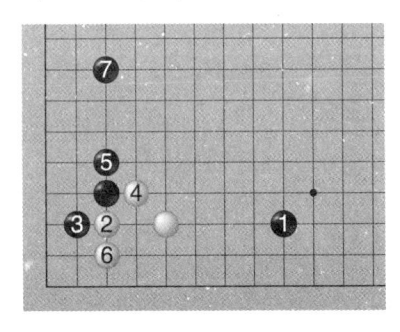

图5-14

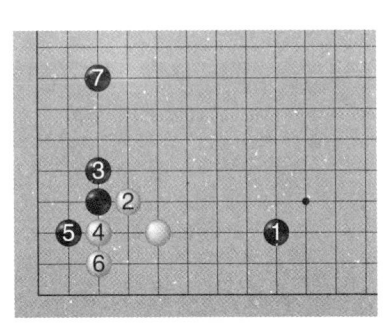

图5-15

图5-16 白1飞压，黑2至4应的形是实战中的常用形。

图5-17 白1、3的意图是准备于A位大斜挂，黑B曲是要点，不使白于B位挡。

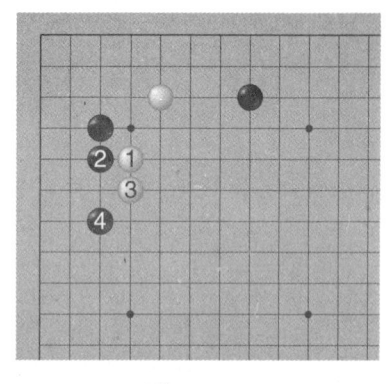

图5-16 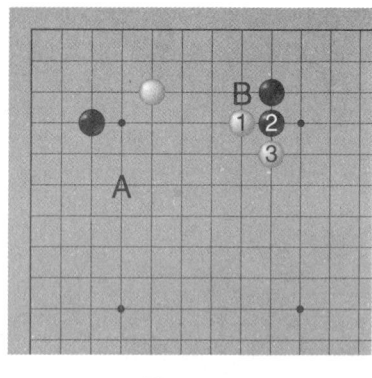　　　　　　　　图5-17

图5-18 白2大斜挂，黑弃角，3、5两手吃掉白一子，其结果黑棋也不亏。

4. 小飞挂·一间高夹

图5-19 黑3是一间高夹，这是一种积极的下法，近代的比赛多采用此法。

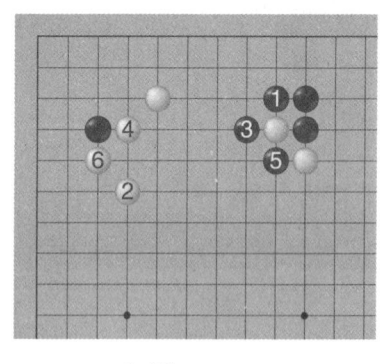

图5-18 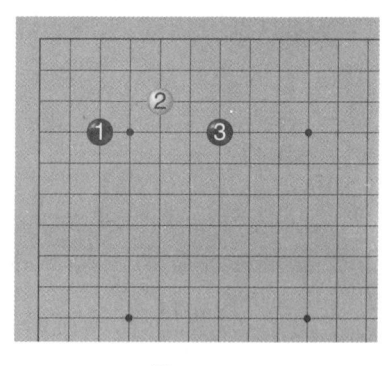　　　　　　　　图5-19

图5-20 白1尖是可灵活变动的一手。如直接于3位托，黑1位长，白将完全被压缩在里面。本图是避免作战的一形。

图5-21 黑2以下至6平易地应接；就局部而言黑不亏，黑△子与A位的低夹相比也没有什么不好。

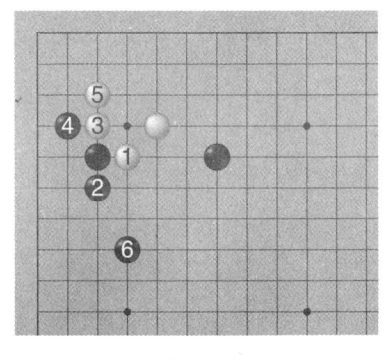

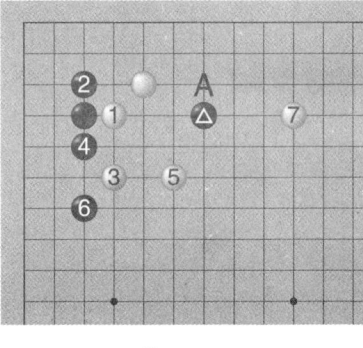

图5-20　　　　　　　　图5-21

图5-22 在有黑△的时候，白走1、3托虎，此时黑4在5位扳不好。此后，黑A则白B。

图5-23 黑2、4是颇见力度的下法，对于白5，黑6接成一根线，黑8拆是生动的一着。

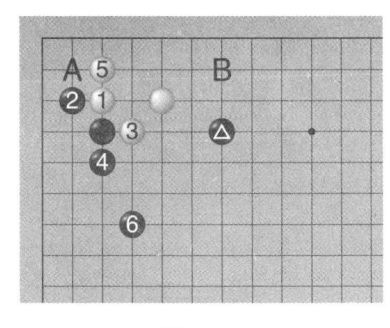

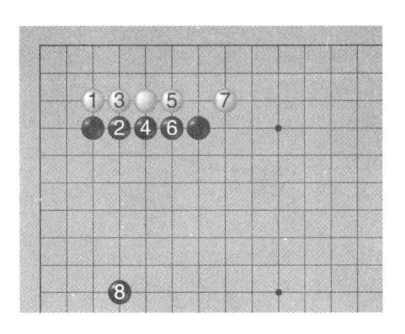

图5-22　　　　　　　　图5-23

图5-24 这是一间高夹定式中最为简单的一种。白2跳出是

正着，黑3是好点，在边上得到了实地。

5. 小飞挂·二间高夹

图5-25 黑3称为二间高夹，它比二间低夹和三间低夹积极些，却不如一间高夹紧，不足之处是定式之后易落后手。

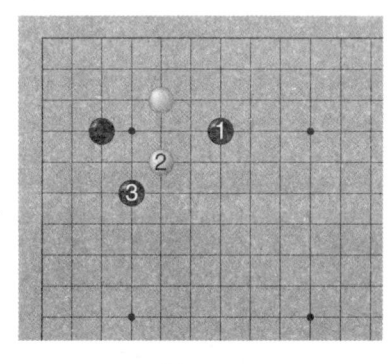

图5-24　　　　　　　　　图5-25

图5-26 白1托三三至5整形在其他夹法中也能见到。

图5-27 白1用小尖对付二间高夹是一种稳健的走法。黑2尖顶是侧重取空的下法。黑8跳出后，白可脱先。

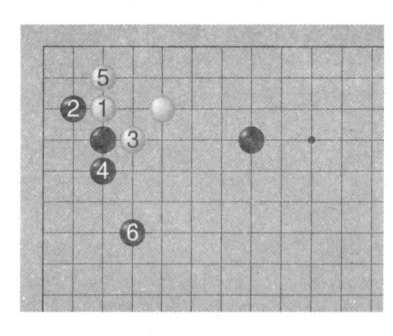

图5-26　　　　　　　　　图5-27

图5-28 黑1顶时，白也可在2位飞。白4时，黑5扳正确，白虽进角，黑得先手，这样才两不吃亏。

图5-29 白在1位跳，然后采用3、5托立的下法，保留在A位大飞的手段。双方各有所得。

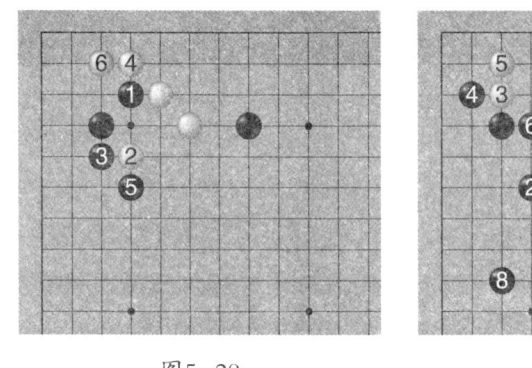

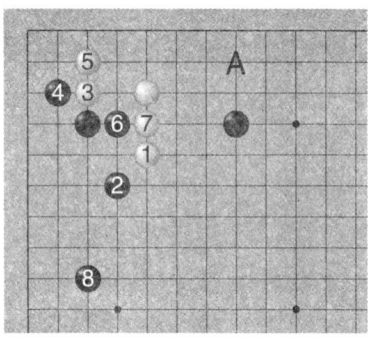

图5-28　　　　　　　　图5-29

图5-30 白3迫使黑4长后在5位跳的下法至白11止是一种常用形。

6. 小飞挂·三间高夹

图5-31 黑3即为三间高夹。由于不能构成直接威胁或威胁不够，所以现在对局中多不采用。

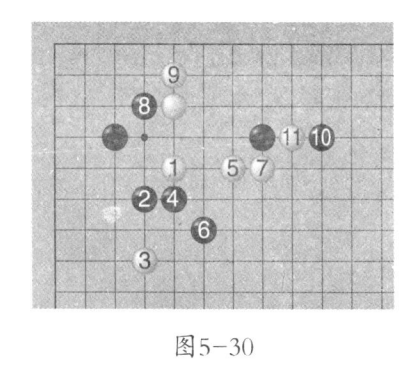

图5-30　　　　　　　　图5-31

图5-32 白1穿拆，使黑△有漂浮之感。黑2至6是使白变成凝形并坚实取地的下法。

图5-33 白1后黑2退稳妥,白5整形后告一段落。这是实战中的常用形。

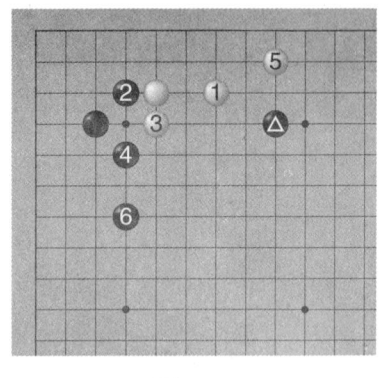

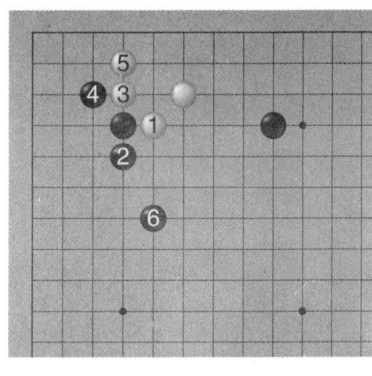

图5-32

图5-33

图5-34 白1飞角,黑2小尖。白3拆虽窄却使黑漂浮起来,这是白生动的形。

图5-35 白1至黑4定形后,黑子的位置与黑△的急所配合较好。

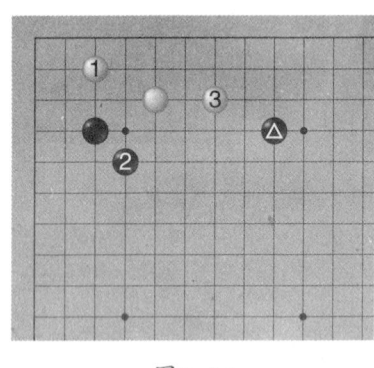

图5-34

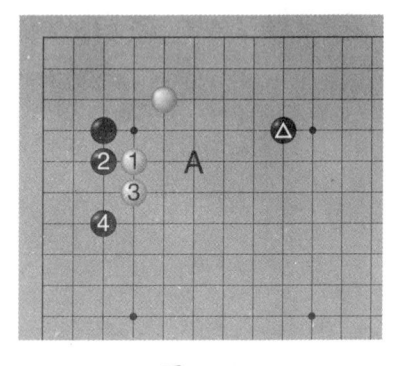

图5-35

图5-36 对于白1的二间反夹,黑2、4守。黑△位置高,白有在A位跳的余地。这是实战中的常用形。

7. 小飞挂·尖

图5-37 黑3尖是坚实的应手，古来已有定法。

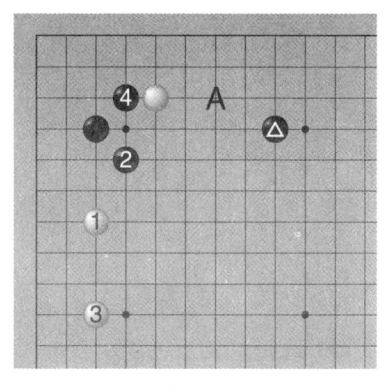

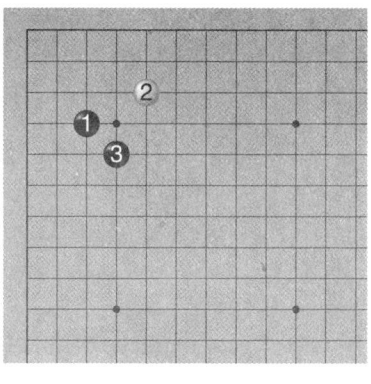

图5-36

图5-37

图5-38 黑2、4是见白1窄而使其成凝形并守角的意图。黑2也可于左面拆。

图5-39 黑2、4的目的是扩展中央形势。

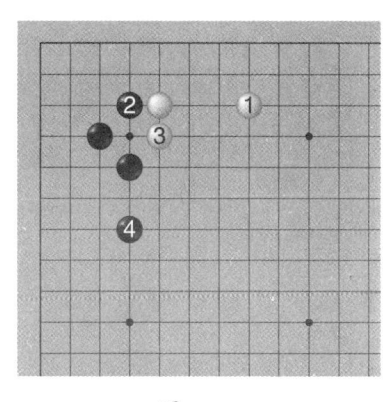

图5-38

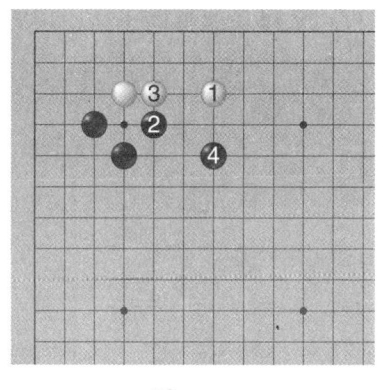

图5-39

图5-40 白1小飞应是好手。2与3交换后黑4守角。这是实战中的常用形。

图5-41 白1靠既带有避免黑夹的意味，也是为扩张自己势力的下法。

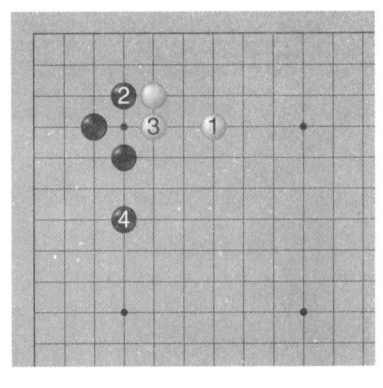

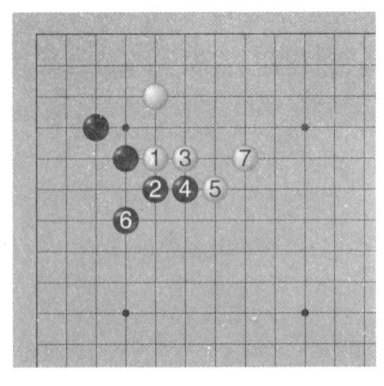

图5-40

图5-41

图5-42 白1多为扩张的意图。此时黑2是急所，白3有必要防备，黑4则顺理防守，白5是要点。

图5-43 白2即为一间高挂。对此，黑3下托是常见的应对，这也是取地的下法。白应于有A、B、C等。

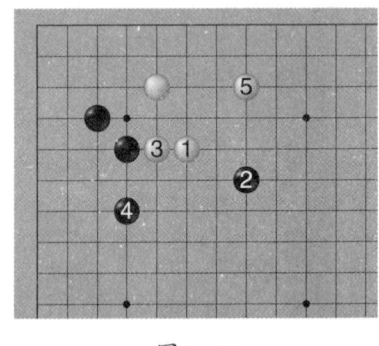

图5-42

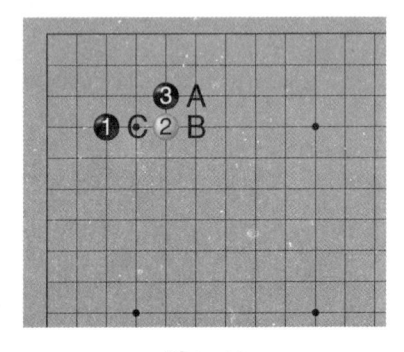

图5-43

图5-44 黑4是希望能在左边展开的走法。

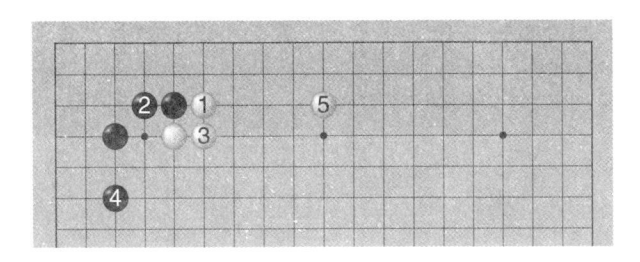

图5-44

图5-45 黑2托退之后于4位补的走法也是很常见的。

图5-46 白3虎、5拆与前形比远了一路。这也是实战中的常见之形。

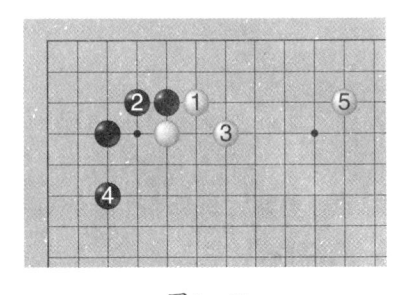

图5-45　　　　　　图5-46

图5-47 黑4刺后黑6小尖，此形黑A掏空的手段已不存在。

图5-48 黑2的结果还原成二间高挂定式。白3也可脱先。

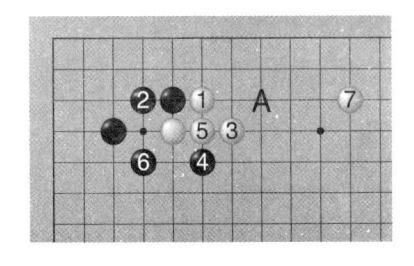

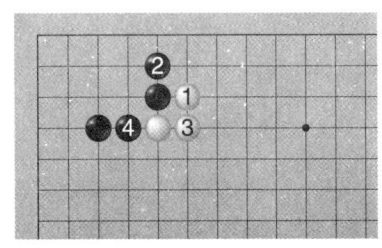

图5-47　　　　　　图5-48

8. 一间高挂·搭

图5-49 对白2的一间高挂，黑3上搭是加强中央势力的下法。

图5-50 对黑1，白2、4是最简单的应对。黑5、7是稳健的下法。以下白走A跳是好点。

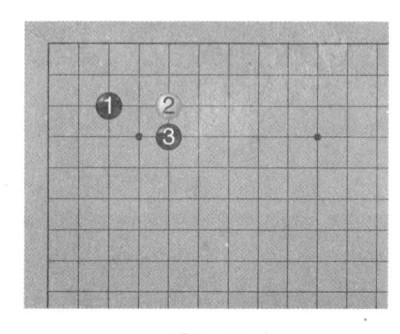

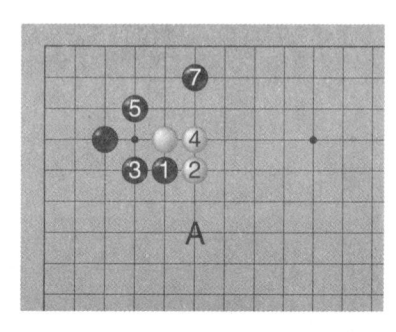

图5-49

图5-50

图5-51 白走4位坚实地粘时，黑5尖好。黑7时白若在A位靠，黑B可以扳出。此形对双方来说都满意。

图5-52 对于白2黑于3位扳，白4立下将产生复杂的变化。白6、黑7双方各得其所。

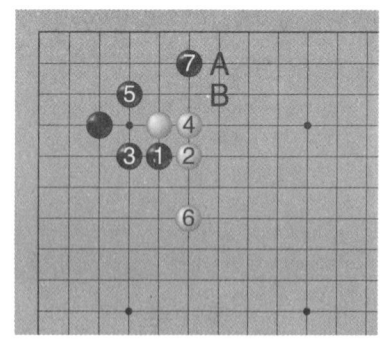

图5-51

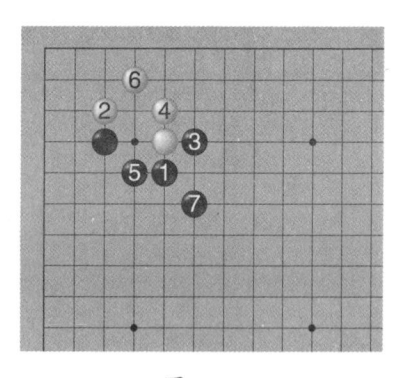

图5-52

图5-53 黑1顶也是常见的下法。白应手有2或3位立,黑5以下白A则黑B。

图5-54 黑1小飞的下法对应角少许做些退让。黑5是坚实的着法。此手也可于A位长,但之后白有B位逼的手段。

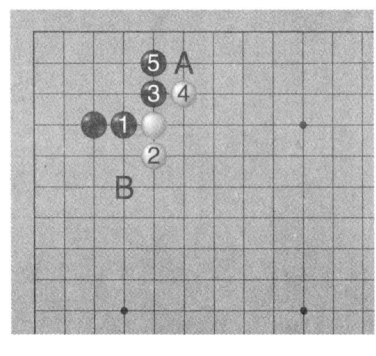

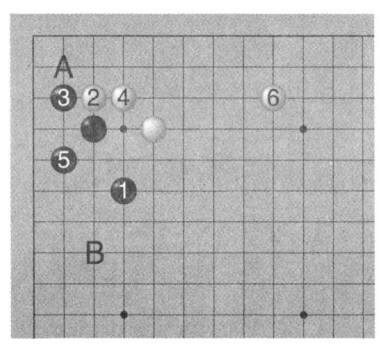

图5-53

图5-54

9. 一间高挂·一间低夹

图5-55 白2时黑3即为一间低夹,这也是一种较为积极的下法,对局中较多采用。

图5-56 此为基本定式的一种。白6挖是重要的手段,黑7也可走8位。黑形虽厚但多走了一步。

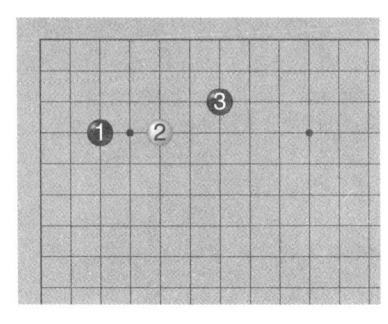

图5-55

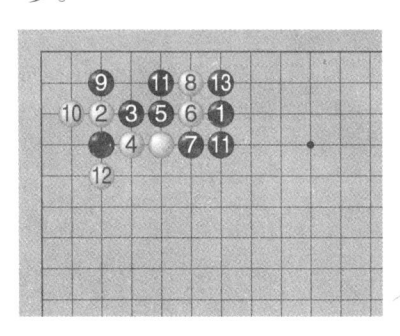

图5-56

图5-57 黑7挡后9位粘，如没有白10，黑可在A位攻。

图5-58 白1小尖时黑在2位靠是扩张上边的下法，4位棒接后6位可渡，之后黑A，白B。

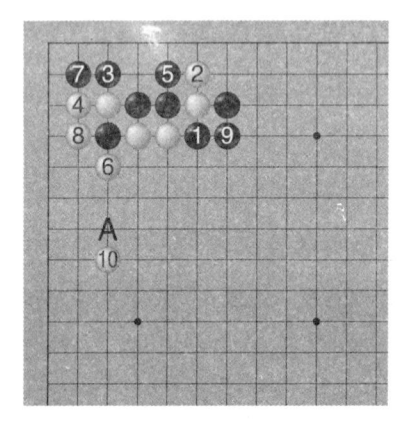

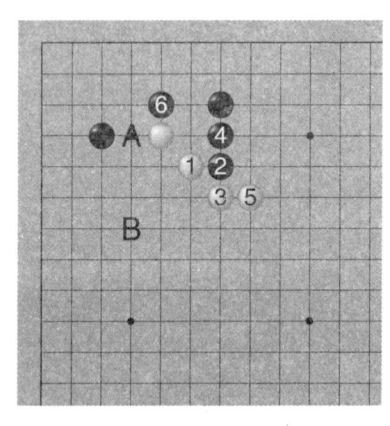

图5-57

图5-58

图5-59 黑3长由于没有A位的渡，曾一度没被看好，但现在一般看来不坏。

图5-60 白2、4靠长，以下黑5白6定形。双方各得其所。

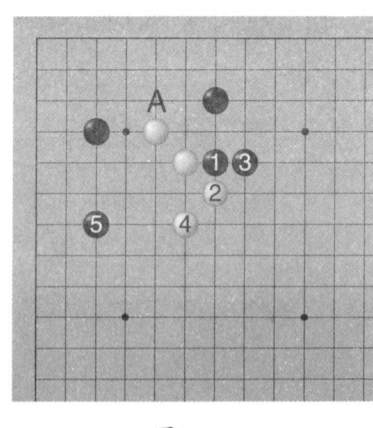

图5-59

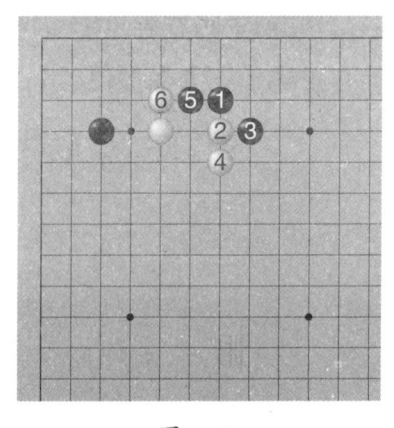

图5-60

10. 一间高挂·一间高夹

图5-61 对黑1的一间高夹，白2跳为普通应对。此外，白也有走A、B、C点的。

图5-62 黑1至7应接后，白走8位，黑9稍重。此后，白A可渡。

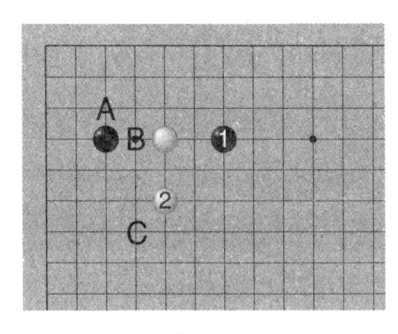

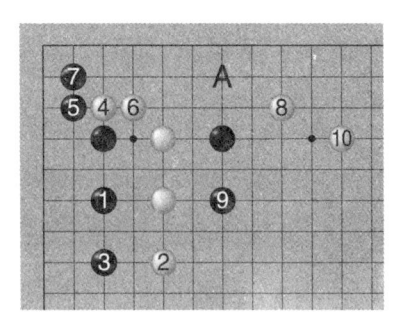

图5-61

图5-62

图5-63 黑9后白10至14上边先取得联络，以下可瞄着A位的断。此形为两分。

图5-64 白2托时，黑3、5扳长，白6夹，白8、10走后12可确保渡过。

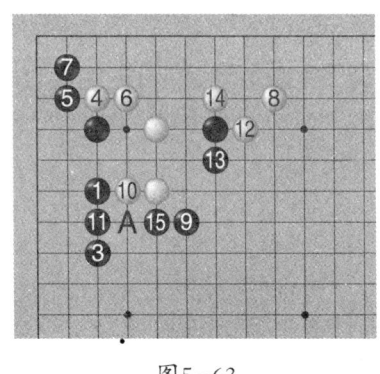

图5-63

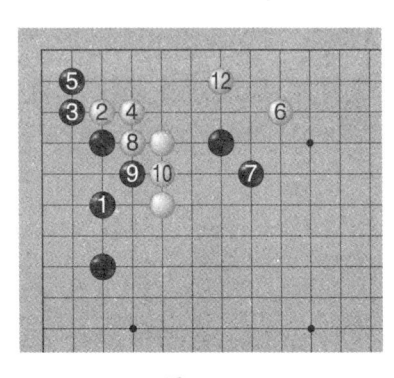

图5-64

图5-65 白1、3先托退后5跳，黑6可最大限度地守。白7因有白A的利用，因而不怕黑B穿。

图5-66 白1的下法很有趣。黑2牺牲一子至8加固双方无事。普通白1走A位小飞时，黑这种下法是有利的。

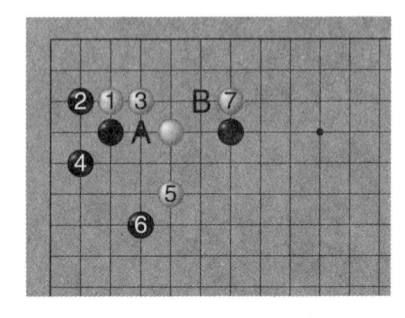

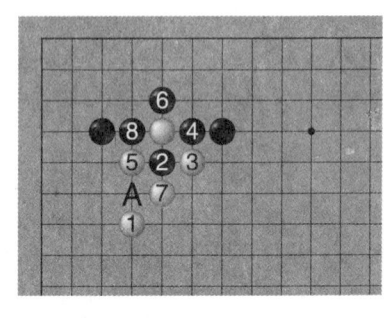

图5-65

图5-66

11. 一间高挂·二间高夹

图5-67 黑3的夹与一间高夹相比要远一路，所以称它为二间高夹。实战中也较为少见。白应手有A、B、C、D、E、F、G等。

图5-68 白1、3托退、5跳，黑6应是充分的配置。白7如走A位夹，黑可以B位跳。

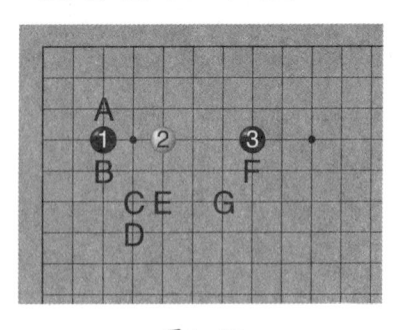

图5-67

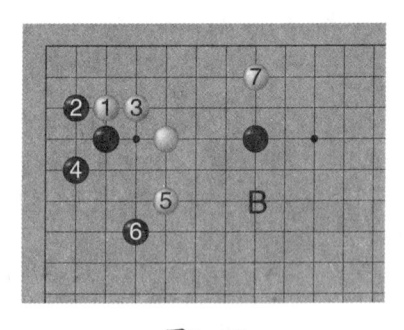

图5-68

图5-69 黑4打吃，白5、7整理好外边。黑8也可以单走于A位。

图5-70 白1大斜挂。黑4顶是有趣的手法。白5如走黑6位，黑6在白5位长，白不利。

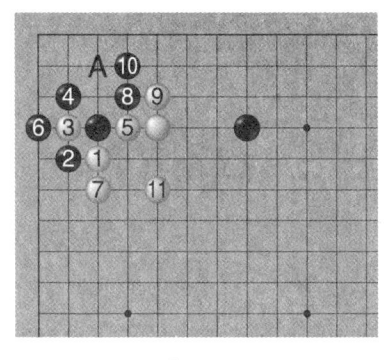

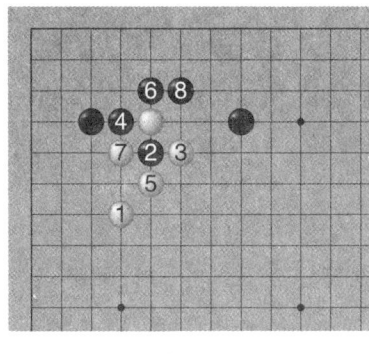

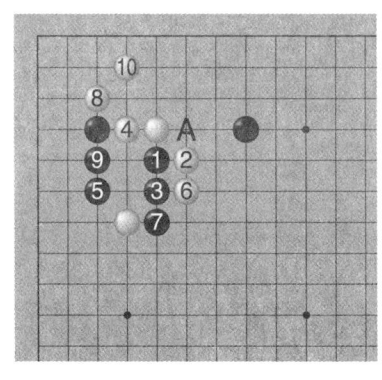

图5-71

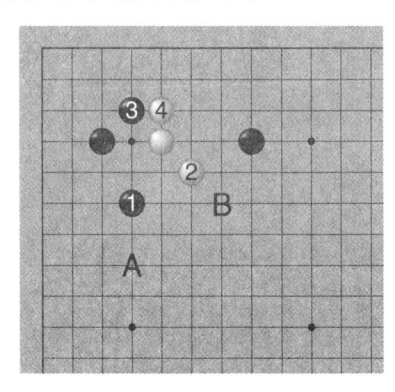

图5-72

图5-71 黑1上搭至白4后，黑5跳是好手。白6压，8、9守后A位断点已补牢。

图5-72 白脱先后黑走1位，白2小尖，黑3白4相当于小飞挂二间高夹定式。以后黑想攻则走B位，想守走A位。

12. 小雪崩形

图5-73 黑1下托时，白2顶、4扳，黑5若于9位扳，则称作小雪崩形。它是典型的现代化定式，黑5扳以下至白10止的变化，为基本定式之一。

图5-74 黑1粘是最简明的下法，白2长，只此一手，黑3跳出，至白4虎止为定式之一。

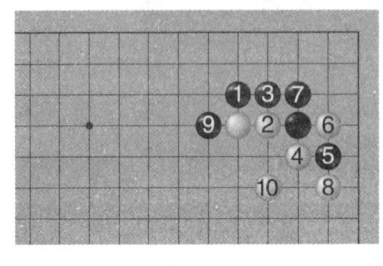

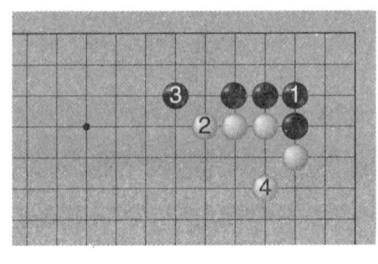

图5-73

图5-74

图5-75 黑1扳、3长是重视实利的下法，以下至黑7止的变化，为基本定式之一。

此时，黑棋实地增加，白棋外势理所当然加厚。

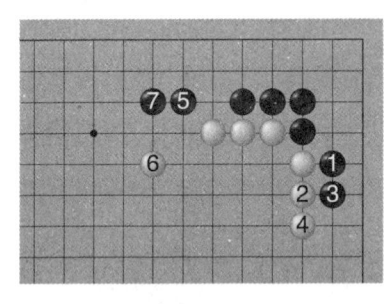

图5-75

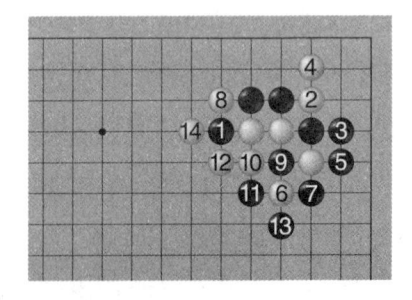

图5-76

图5-76 黑1扳头，才是真正的小雪崩形。白2打、4立是常用手筋，以下着法几乎是双方必然，至白14止的变化，为基本

定式之一。

图5-77 黑1靠，强硬，是形的急所，白2只得长，黑3是先手，黑5挡紧气必然，黑7、9吃角上白二子，以下至14止为定式之一。

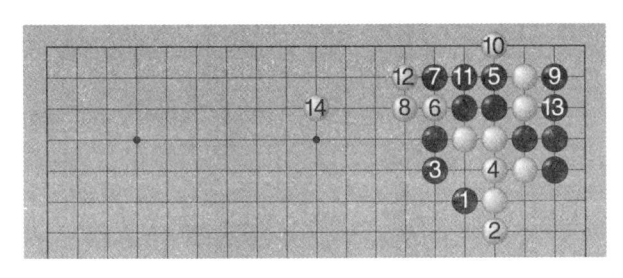

图5-77

此棋形的结果是黑三子漂浮，白六子也不安，今后只有凭力量解决问题，真可谓"力的定式"。

13. 大雪崩形

图5-78 黑5退，白6压时，黑7扳即是大雪崩形，从白8、10打立开始走上难解之路。黑11外拐为旧形手法，但至今并未废除，白12断，黑13上长，以下至黑23抱吃止的变化，为基本定式。这以后黑A位、B位各可封住白棋去路。

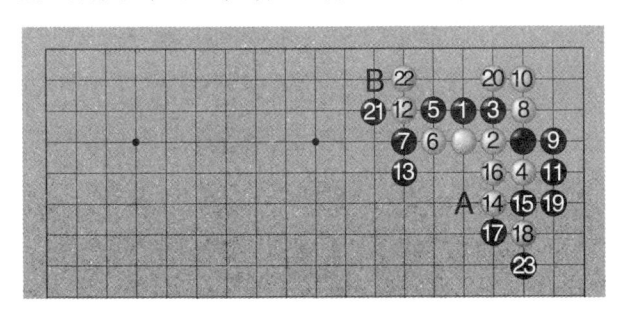

图5-78

图5-79 黑1内拐，被称为"革命定式"的一手，它使大雪崩定式完全改观。白2先断、再4拐、6立的次序要特别注意，黑7、9挡吃住角上白三子，黑15跳后虽有种种下法，但至白20跳止的变化，为现代流行定式。

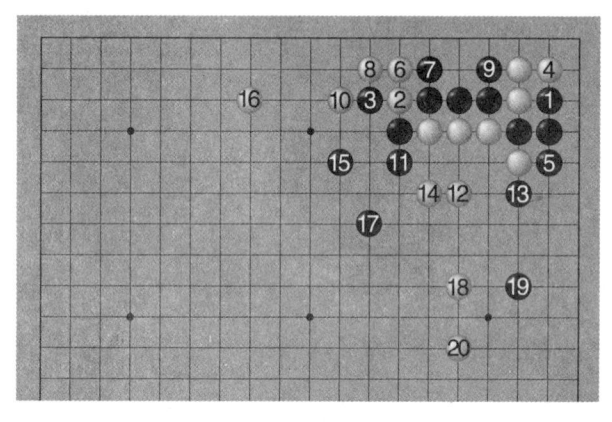

图5-79

图5-80 黑1长时，白2、4打虎止的下法，为简明的定式之一。

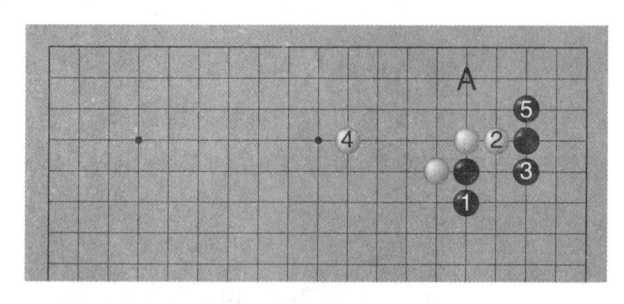

图5-80

02 高目定式

高目的位置是在四线和五线的交叉点上，很明显，它是以取外势为主要目的。对于高目的挂法，大多是采取小目位挂，可以说这是基本挂法。其次，则是三三位挂，这与高目的取外势成为鲜明的对照。至于其他挂法，一般都是在特定情况下特殊选择，而不能成为通常的下法。小目挂是以取实地与高目外势相对抗。

图5-81 高目即是黑1的位置。常见应法有A、B两种，下面详细介绍。

图5-81

1. 小目挂

图5-82 白小目挂，黑应于有A-F等。

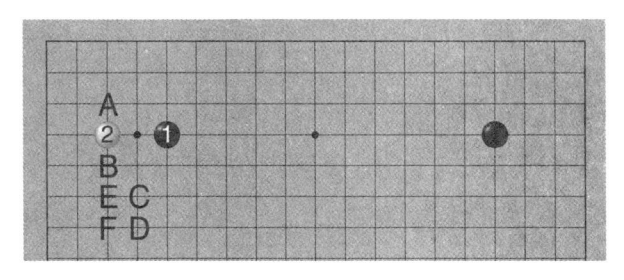

图5-82

图5-83 白4跳，以下5、6见合，但被黑5挡，白子有所损失。

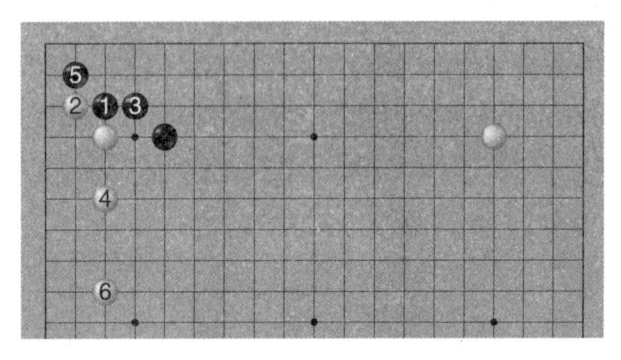

图5-83

图5-84 黑1、3外侧靠返，白有A、B、C等应手。其中白C扳的变化最多。

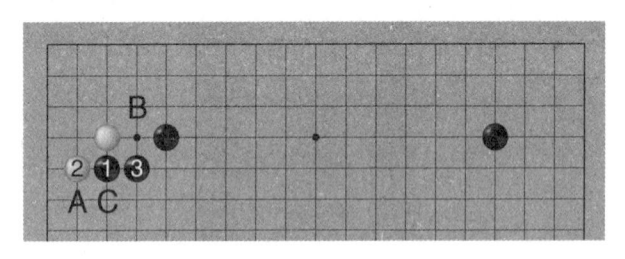

图5-84

图5-85 黑1小飞罩。黑5后A跳是好点。

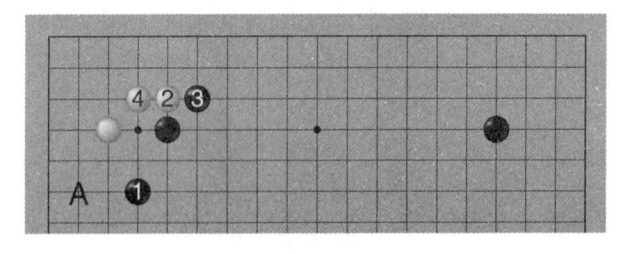

图5-85

图5-86 黑1大飞罩。黑5如走他处则黑9并,所以5至10可以说是必然的接应。

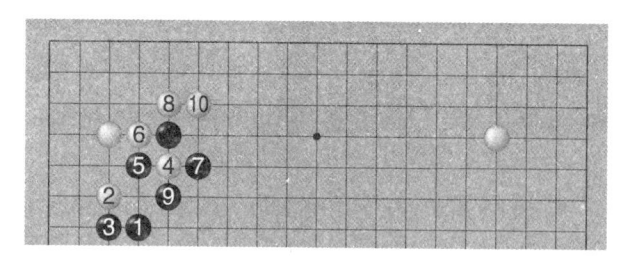

图5-86

图5-87 黑1一间反夹,白2平易尖出好,黑3、5手退后于上边展开也不坏。

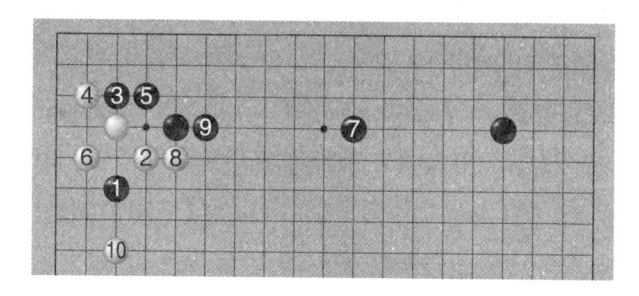

图5-87

图5-88 黑1二间低夹,白2坚实地出头不坏。黑7以下可于左夹。

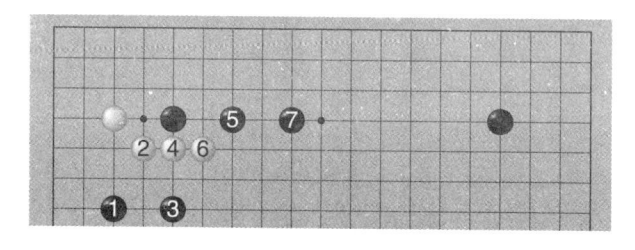

图5-88

2. 内靠

图5-89 黑2内靠是这个定式常见的下法之一，可以说只要白棋在角上应的话，就只有白3扳这一手棋，以下至黑6拆止，几乎为不变的运行，是基本定式之一。

白7飞为高姿态坚实的整形，也是重要的一手。

图5-90 白1夹是与右上角有关联的布局，时常会出现，以下至白5拆止，为定式之一。

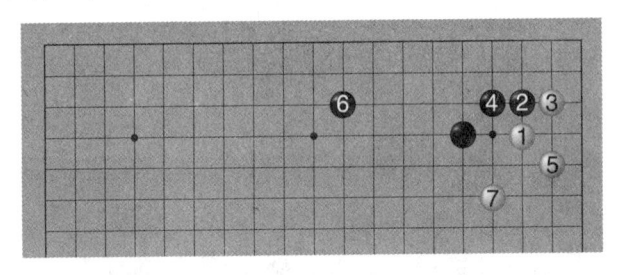

图5-89

图5-91 黑1扳也是一种定式下法，以下至白8跳止，为基本定式之一，与前图难断优劣。

对于高目的挂法，大多是采取小目位挂，可以说这也是高目基本挂法。

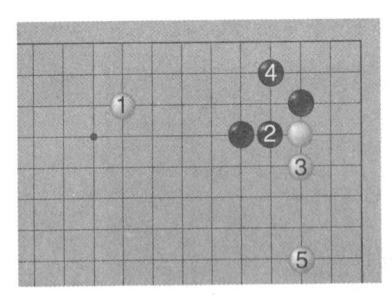

图5-90 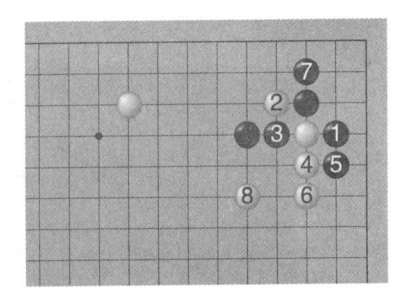　　　　　　图5-91

3. 外靠

图5-92 黑1外靠是压迫白棋扩张外势的手法，与征子有关，但并非是先决条件。

白2扳时，黑3退为正确。白4扳起，黑5断内侧则要确保能够征吃，至黑11提止，为基本定式之一。

图5-93 黑1外断时，白2打，黑3、5则可取角中实地，白6长为不能放过的好点，否则黑A位是好点，至此为基本定式之一。

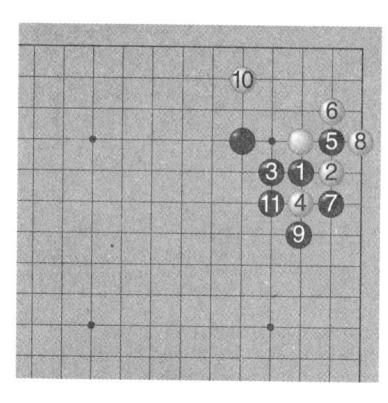

图5-92

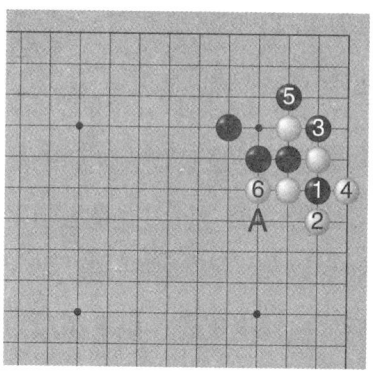

图5-93

4. 飞封

图5-94 黑1为飞封，是明显继续高目之后的着手，也是与高目相配合最恰当的着手。至黑5粘止，为基本定式之一。

这是典型的白得实地，黑取外势的结果。

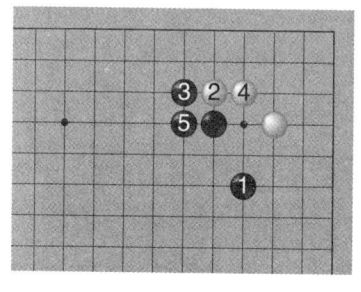

图5-94

图5-95 白1是高目挂,黑2是小飞应,白3挡绝对,黑4立时,白5稳健,黑6尖是本手,至此为基本定式之一。

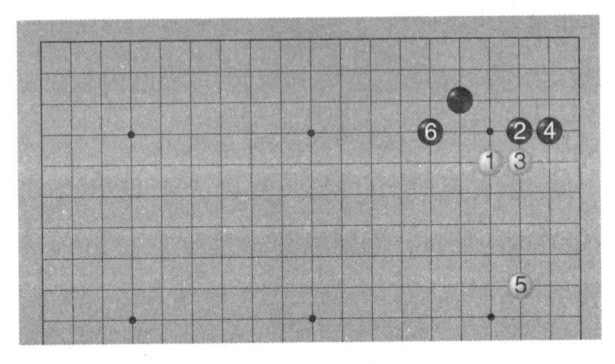

图5-95

图5-96 黑1、3顶断、5立后,可先黑7打、再9、11扳打,至黑15止是极具代表性的一个高目定式。

图5-97 黑1内扳是激烈手段,为复杂变化形。至黑13止为双方必然。白14跳与黑15先交换一手,再白16跳逼黑角作活后,白22退正着,以下至黑33提止,为古来大形定式之一。

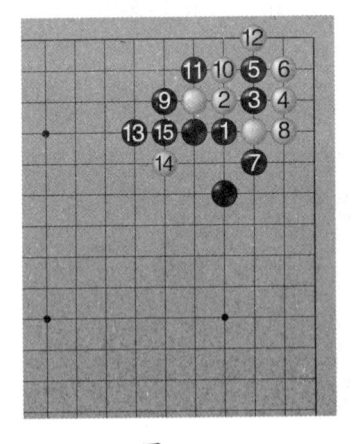

图5-96

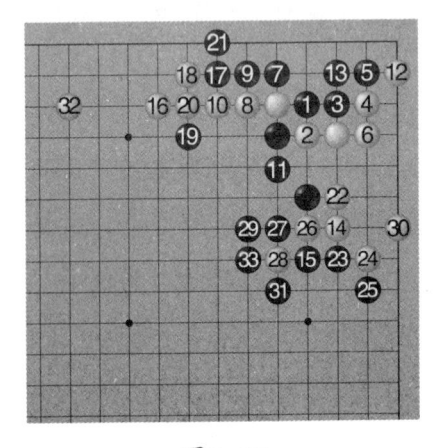

图5-97

图5-98 白1退是简明形,但征子必须有利,至白7提止,白棋很厚,为定式之一。

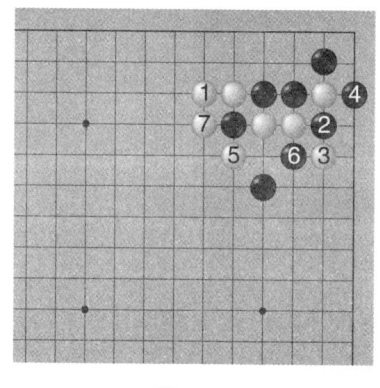

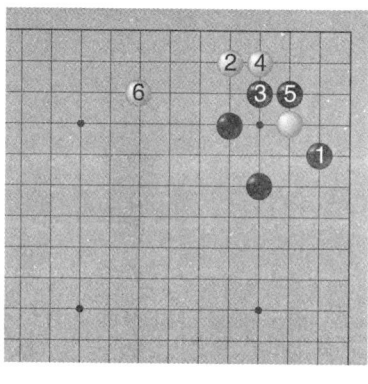

图5-98

图5-99

图5-99 白棋脱先后,黑在1位攻击时,白2轻妙,黑3尖当然,白6大飞转身。此时,黑棋外势堂皇,白棋也很生动,典型两分。

5. 三三挂

图5-100 白2走三三,黑有A、B、C等应手。

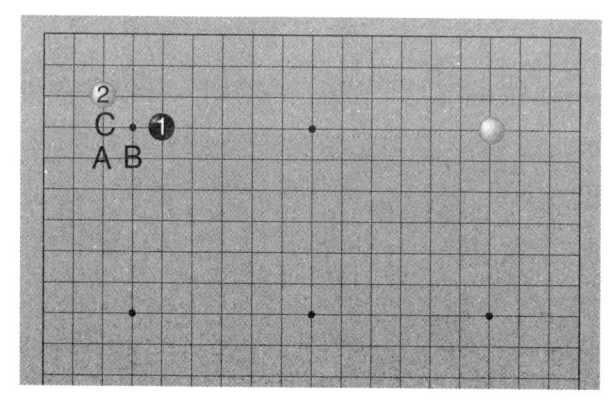

图5-100

图5-101 白2多见于A位有黑子的场合。白6瞄着左边的打入。黑7扩展的同时防着白打入。

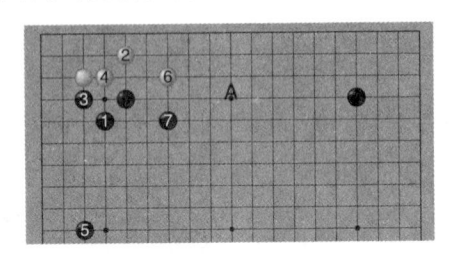

图5-101

图5-102 黑1一般是A位有黑子时，扩张上边的下法。从局部上看，对白稍有利。

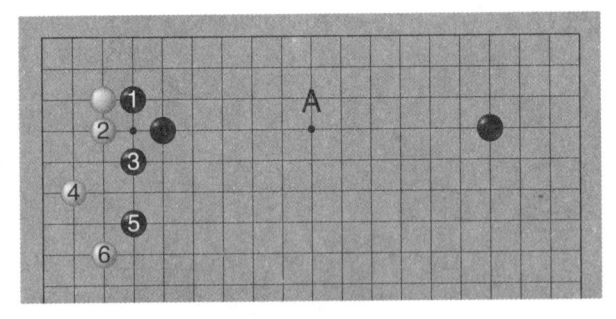

图5-102

图5-103 黑1靠正应了白整形的意图，白8先手获利。

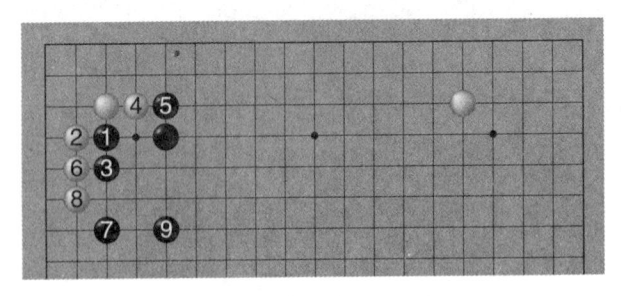

图5-103

03 大斜定式

图5-104 大斜定式就是白棋占目外,黑1在小目挂角,白2大飞罩的格式。大斜定式是一个古老的定式,变化多且繁杂,为了更好地学习和掌握大斜定式的变化,以下分三类分别介绍。

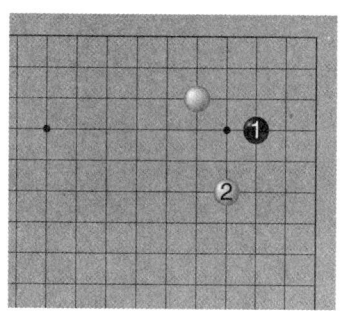

图5-104

1. 并、托

图5-105 黑1并是一种简明的下法,白2尖,黑3跳出,这样可以避开白棋设下的多种圈套。以后黑棋可以在A位尖顶或B位并来加强自己。

图5-106 黑1托也是一种下法,白棋2、4,黑5跳出,变成了白棋飞压的变化,这样下局面也很简单。

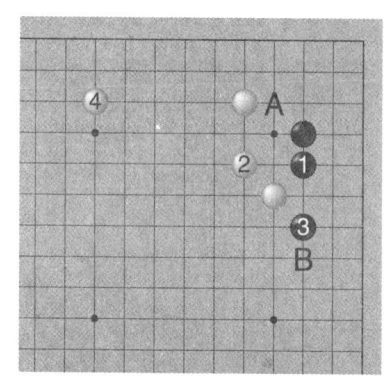

图5-105

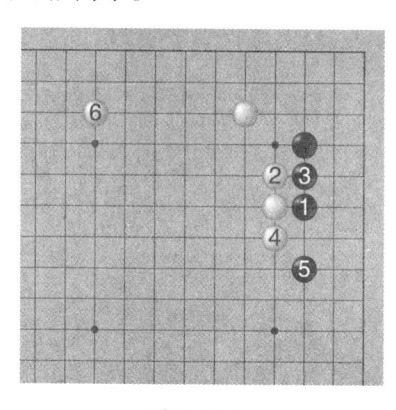

图5-106

图5-107 当黑1托时,白2扳下是重视右边的下法,黑3虎,白4必然打吃,以下至白10拆三,各得其所。

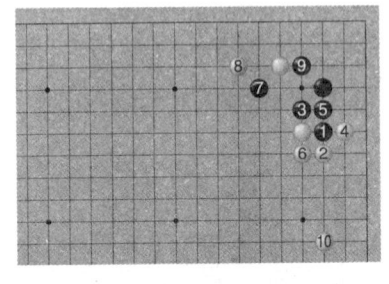

图5-107

图5-108

图5-108 白2扳、黑3扭断也是一种常见的下法,下面白4打吃、白6长是常识,黑7打吃得角,白8征吃一子取势,双方大体如此。

2. 尖

图5-109 黑1尖也是大斜定式中一种变化,白2挡住;白2如在A位立,就变成白棋一间反夹定式了。

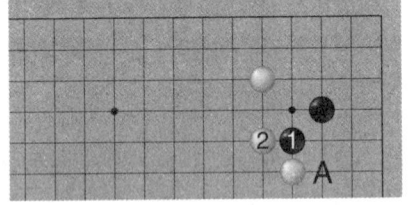

图5-109

图5-110 黑3虎、白4长,以下至黑9跳出,白10拆边告一段落,也就是各居一处。其中要注意黑7必须再长一子,如白6长之后黑棋就急于跳出,那黑棋就很可能要吃亏。

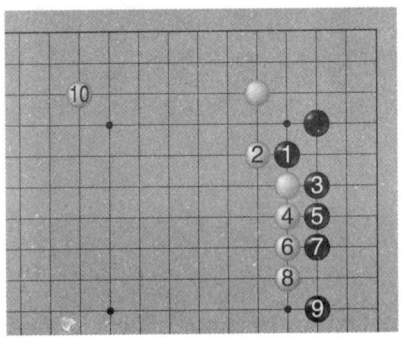

图5-110

图5-111 黑7急于跳出，白8以后的手法使黑棋的缺陷暴露出来了，以下至白18断，黑棋只能放弃一部分。黑棋在A位连，白下B位吃掉一子。

图5-112 黑1尖之后于3位挖，是取角上实地的下法，白棋可以根据情况在A、B、C三点连。

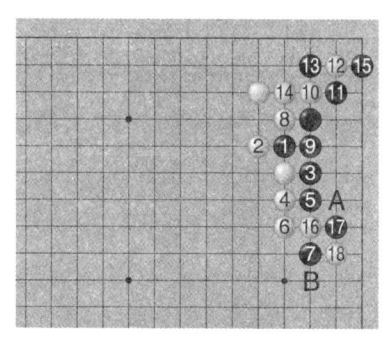

图5-111 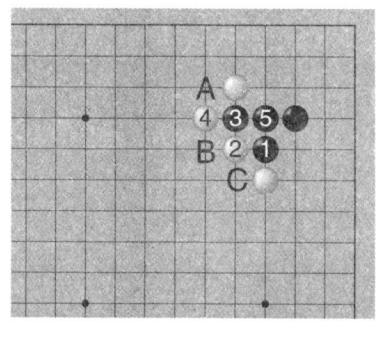　　　　　　　　图5-112

图5-113 白1连，黑2断，下面白3打、5连，黑6吃住一个白子，角的实地很大，白取外势而且是先手，双方各有所得，也各有所失。

图5-114 白1连、黑2仍断吃一子，以下至白7虎也不失为一种变化。

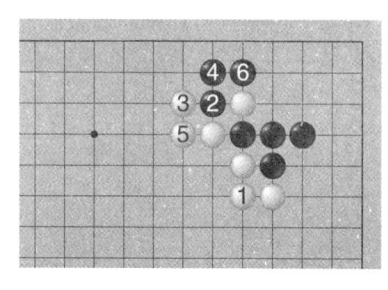

图5-113 　　　　　　　　图5-114

图5-115 当白1连时黑棋先在2位虎、4位长,然后再断吃一子也可以下,这样黑棋角上实地多一些,但白棋外边的厚势也相应大一些,双方仍是不相上下。注意以后白棋A位曲非常大。

图5-116 当黑2断时白3立是一种寻求变化的下法,黑4直接拦的下法正确,以下至白9虎与图5-114大同小异。

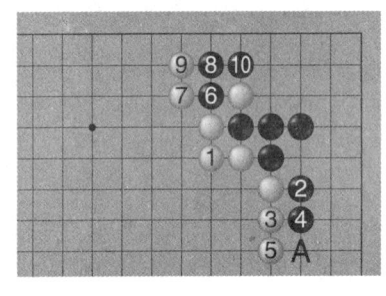

图5-115 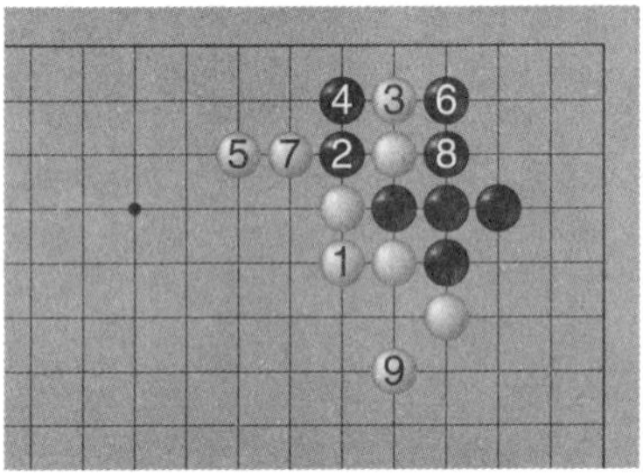　　　　　　　图5-116

图5-117 当白1飞时,黑2托不好,白棋3、5之后外势更强了,黑棋在二线多长两子没便宜可占。

图5-118 当白1立时,黑2长,这是因受白棋的诱惑而导致的错误下法,看上去好像可以大吃白棋两子,但实际是角上白棋有手段,下面白3大跳,黑棋只好下4、6冲断,以下至白

图5-117 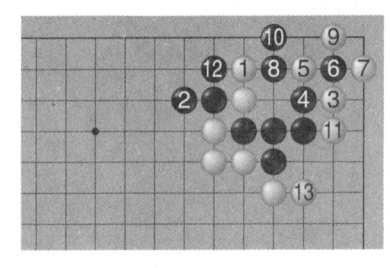　　　　　　　图5-118

13，于是，黑棋失败。

图5-119 白1也可以在上边连，黑2、4打吃，以下至白11告一段落，黑吃白三子，白棋得角地也是一种变化。注意白棋不要过早地在A位打吃，应"保留"变化，以后白棋还有在B位打吃的可能，中腹作战时可以借用。

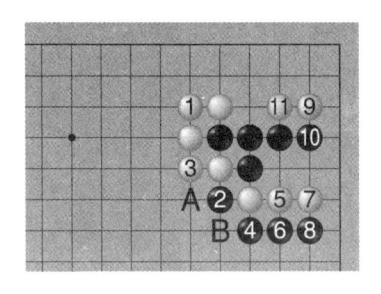

图5-119

3. 搭

图5-120 黑1搭出针锋相对，预示不久即将有正面激战发生。

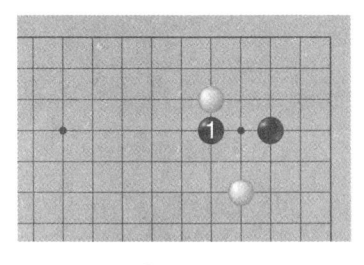

图5-120

图5-121 黑5连外边，是在黑棋征子有利的情况下取外势的下法。以下至白12，黑先于取外势，白棋实地也非常大。

图5-122 黑5连，白6打吃，这时黑在7位反打仍是一种简明的下法，以下至黑11拆边，双方各得其所。

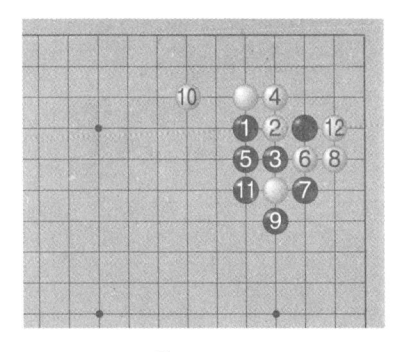

图5-121

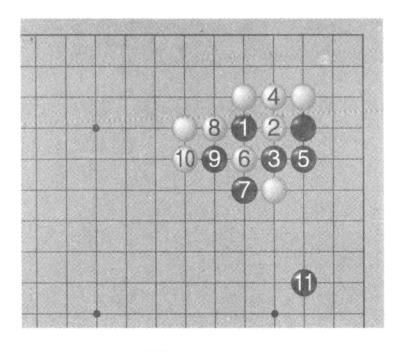

图5-122

图5-123 黑1连、白2打吃，这时黑3长出，将引发交战的正式进行，下面将会产生很多复杂的变化，为了便于理解、学习，可分白A连、白B压、白C长三个部分介绍。

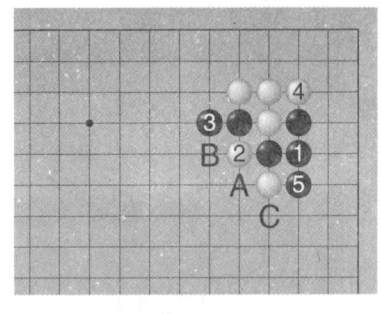

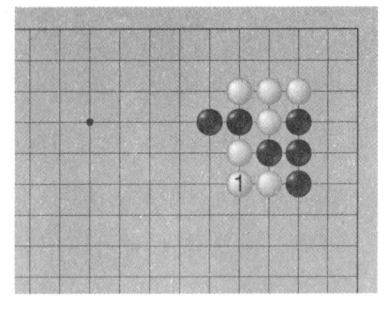

图5-123

图5-124

4. 白A连

图5-124 白1连，黑棋将如何应对？

图5-125 黑2跳是正着，下面白3在二线飞。双方进行到黑8是大斜定式的典型变化。

图5-126 当白3飞时，黑4虎是放弃两子而取右边外势或争先占其他要点的下法。下面白5跳，两个黑子就不能再动了。

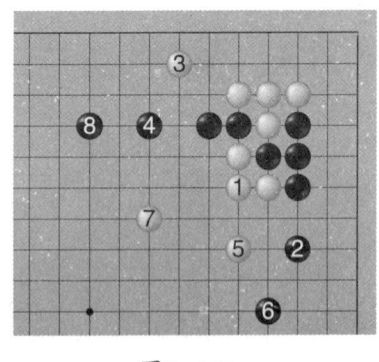

图5-125

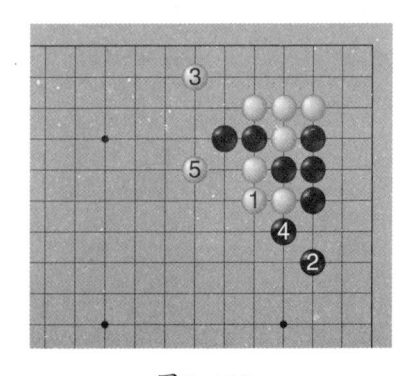

图5-126

图5-127 黑如不甘心失去两子，在1位长想逃出，白2长、4扳，以下至白14，黑棋被杀，可谓因小失大。

图5-128 当白4扳时，如果左下方黑棋征子有利，黑可在5位冲断进行反击。双方厮杀激烈，白棋稍不注意，就会被黑棋吃掉。当黑11长时，白12扳一下，然后于14位连，只有这样才能确保平安无事。以下至白20出头仍是白杀黑。虽然黑棋吃掉一个白子，但是从整体得失来分析，白居上风。

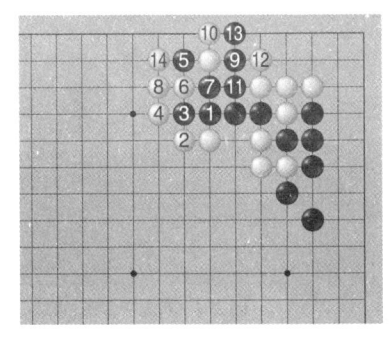

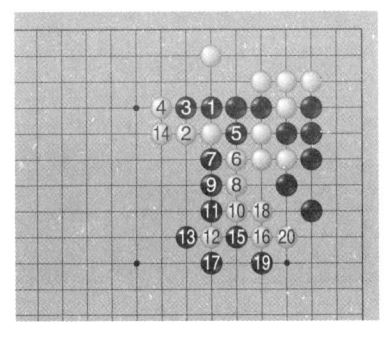

图5-127　　　　　图5-128

图5-129 白1跳、3扳是引诱黑棋冲断跳"陷阱"的骗着，黑棋6、8、10打吃，结果白把黑棋全部吃掉。此时，黑棋应如何应对呢？

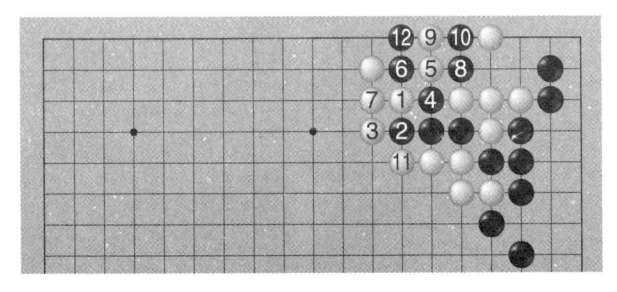

图5-129

图5-130 当白1立下时,黑棋在2位长出是正着,白棋没有得逞,只好在3位打吃,黑4扳角先手,以下至黑10长很大,以后黑棋在A位打吃是先手。

图5-131 当黑2长出时,白棋在3位打吃,那么黑棋就在4位曲,然后在6位扳、8位虎,这样,黑棋把中央的子加厚,夹在中间的三个白子绝对难以逃生。

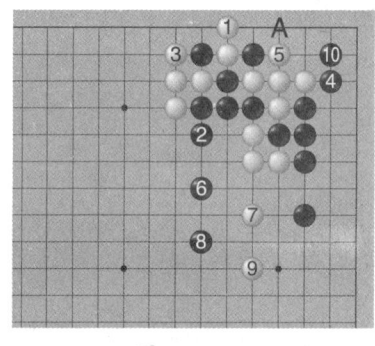

图5-130 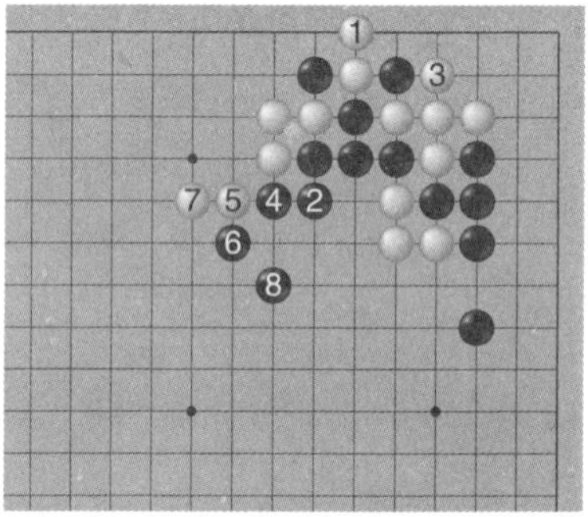 图5-131

图5-132 白1顶又是引诱黑棋冲下去的陷阱,黑如冲下去会获得怎样的结果呢?

图5-133 黑2、4冲下,白5从上面封口,双方战斗至白15,明显是白杀黑,所以黑4不能冲下去。

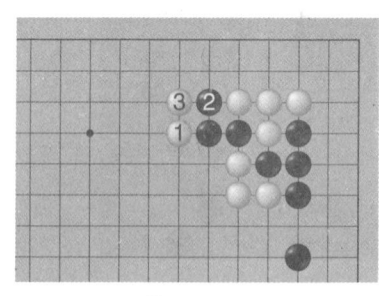

图5-132 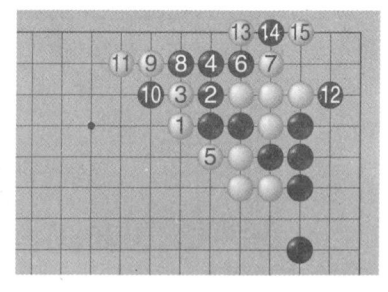 图5-133

图5-134 黑4长出、6曲是正确下法，以下至黑10飞起。当黑6曲时白如在A位扳，那么黑棋可在B位跳，以后黑棋还可在C位断，白棋不利。

图5-135 白1迎头拦住，逼迫黑棋下去又是一个阴谋，黑棋2、4、6之后于8位尖出避免上当，以下至黑14跳，被围的三个白子已无法动弹。

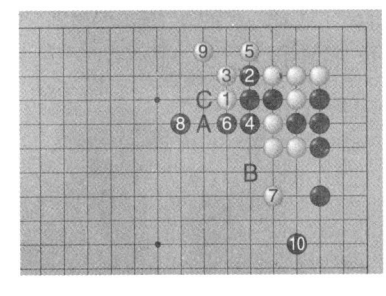

图5-134

图5-135

图5-136 白在1位打吃，那么黑2扳就成了先手，然后再于4位压与中间的三个白子作战，以后得机会可在A位长。

图5-137 白1跳、3飞下强行把黑棋包进去的着法，下面黑4、6扳粘至10托是双方必然的下法。

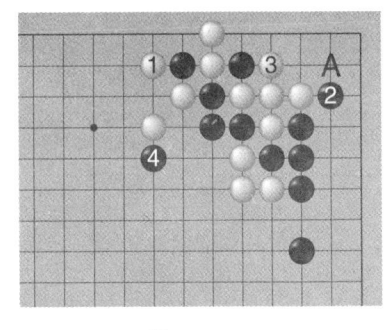

图5-136

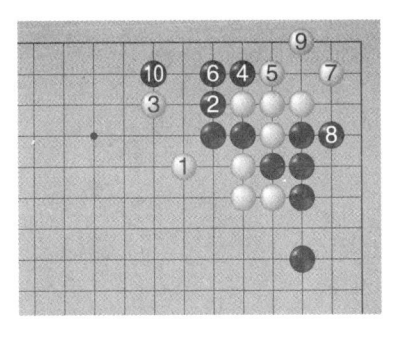

图5-137

图5-138 白1扳住是无理之着，但如果黑棋应对有误，那白棋就会得到意外的收获。下面黑2夹是正确下法，至黑10可吃掉白棋四个子。

图5-139 当黑2夹时，白3先在右边压，是想先手加强一下再杀上边黑棋，以下激战至白23，结果是白杀黑，但是黑棋先手取外势，以后黑下A、B上都是绝对先手，权衡得失，黑棋仍可满意。

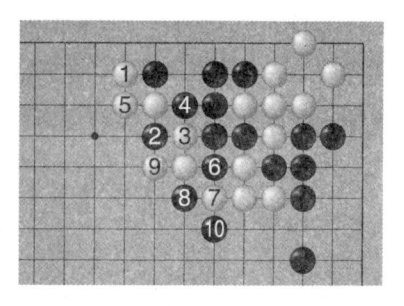

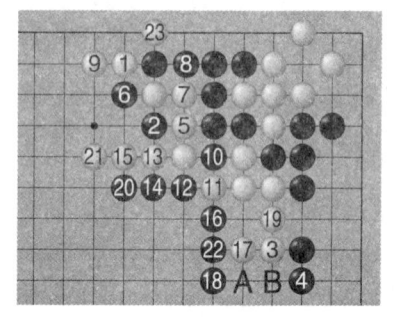

图5-140 当白3压时，黑4吃住一子，虽然破坏了白棋意图，但被白5、7拦下，局势对黑不利。

图5-141 为了避免以上一系列复杂变化，黑棋可在1位扳

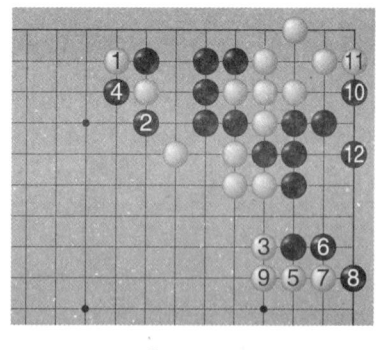

图5-140

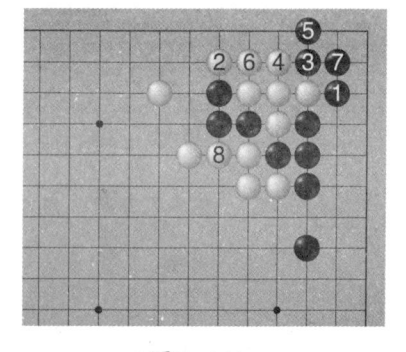

图5-141

角，以下至白8连，双方都可接受。

图5-142 当白1扳时，黑2断虽是常形下法，但在此时对黑棋不利。以下对杀至黑14成劫，但白15是绝好的劫材，黑16粘劫、白17立下，转换结果显然是白居上风。

图5-143 黑10连是避免打劫，白11压，黑12长出，白13很容易吃住两个黑子，中央黑白双方还要通过实战决定优劣。

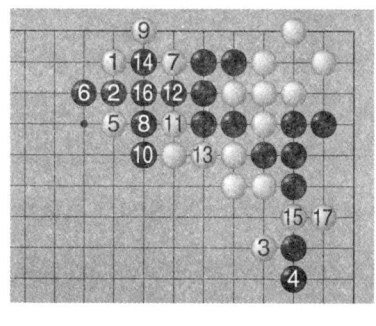

图5-142 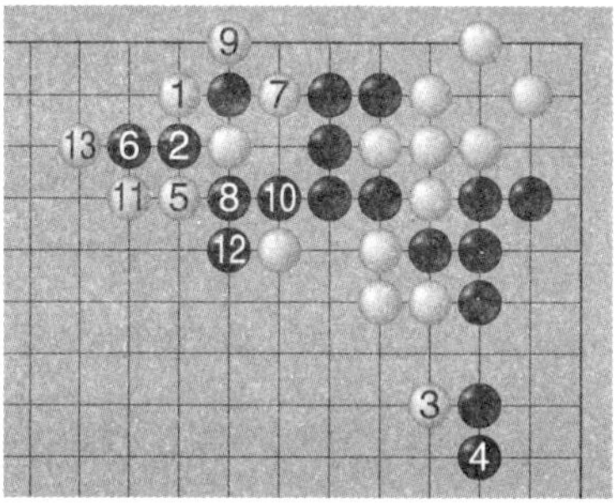　　　　　　图5-143

图5-144 白1、3仍可把黑棋包进去，以下至白9活棋，那是必然的结果。那么黑棋怎样处理上边的棋呢？

图5-145 黑1挖是此时解难的妙着，以下至黑9吃一子活棋是古老的定式。

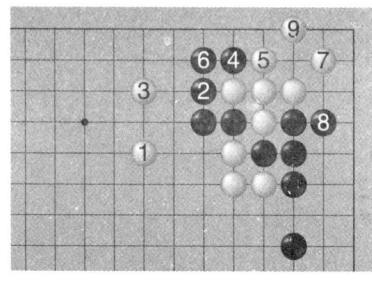

图5-144 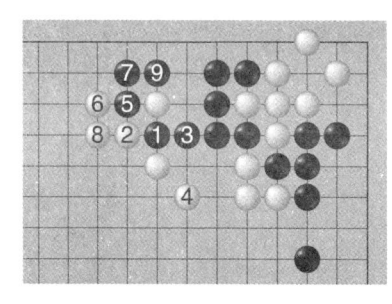　　　　　　图5-145

图5-146 当黑棋左下方征子不利时,黑1挖的下法就不成立了,下面白8虎时,黑棋征不了中央的白子,只能在9位挡,最后黑棋被杀。

图5-147 当黑1挖时,白棋一门心思想在2位打吃,那么黑3长,白4只好提一子,黑5封住白三子,以下双方激战至19,白棋勉强做劫。如劫负,角上的白棋也难逃一死。

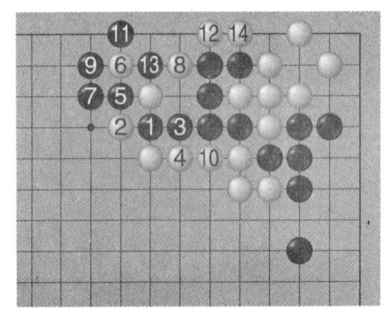

图5-146 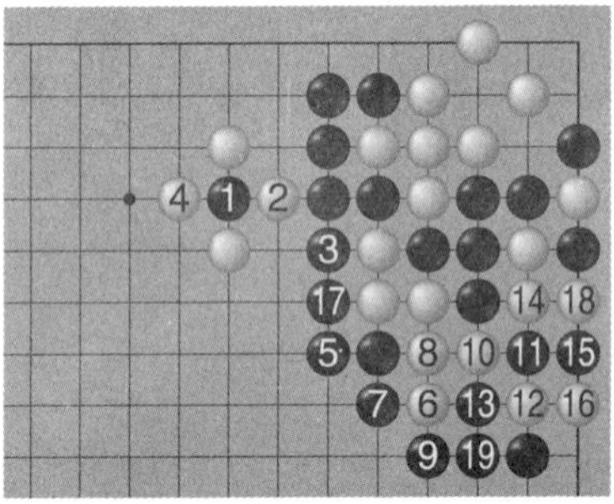　　　　　　　　图5-147

图5-148 当黑棋左下方征子不利时可采取在1位尖的下法,下面当白6连时,黑7托9长,白10不能在11位打吃,至黑13虎是黑棋一气杀白。

图5-149 当黑棋在1位长时,白2跳出,那么黑3断,白只

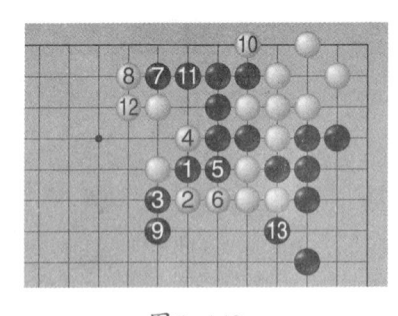

图5-148 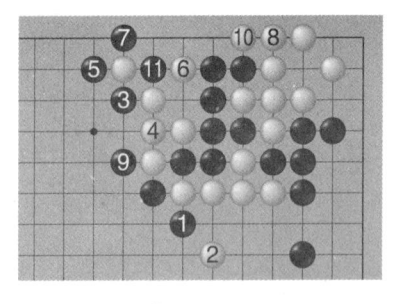　　　　　　　　图5-149

能在4位连，下面黑棋先手弃掉七个子取得上边厚势，转过来还可以加强右边黑棋，黑失小得大，占优。

图5-150 当黑3断时，白4连会是个怎样的结果？黑5打吃、7连，以下至黑25，仍是黑杀白。

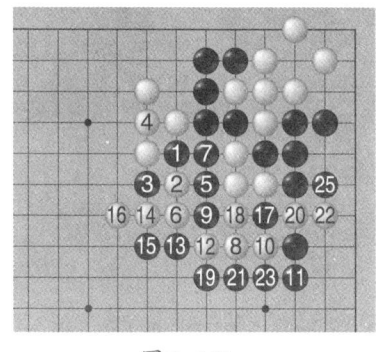

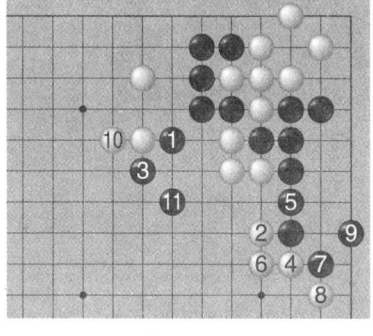

图5-150

图5-151

图5-151 当黑1尖时白2压，黑棋就不能应了，必须在3位扳，以下至黑11虎，黑棋可行。

5. 白B压

图5-152 白不在A位连而在1位压，也是大斜定式中的一部分变化。

图5-153 白棋连压四个子，然后于11位飞的下法是很严厉

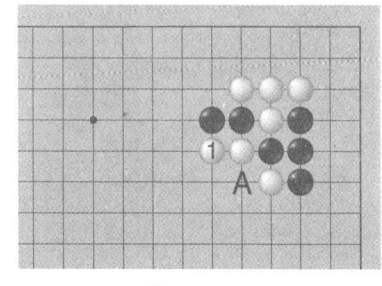

图5-152

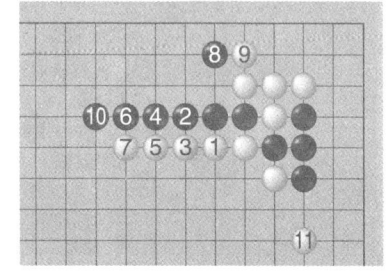

图5-153

的，下面黑棋该如何应对呢？

图5-154 黑1打吃想出头，白2压，下面黑3长不好，被白棋4断、6封很难下，只好借角上开劫来出头，以下至白18跳，空被白棋捞走，黑仍是一条孤棋。

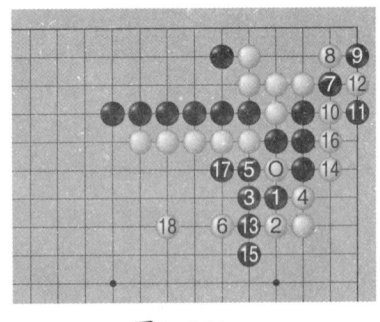

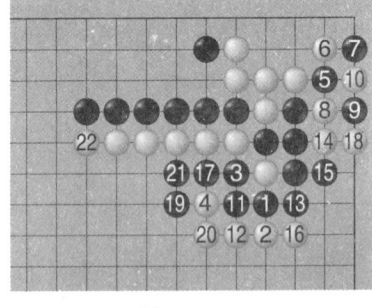

图5-154

图5-155

图5-155 黑棋借角上开劫于17位冲出，至白22压，黑棋比图5-154要好一些。

图5-156 当黑11扳时，白棋有在12位托的下法，继续下去，白棋仍占优势。

图5-157 黑1打吃、白2挡之后，黑3可在二线托，这是正确下法，白棋只好在4位挡住，这样当黑11连回一子时，白棋

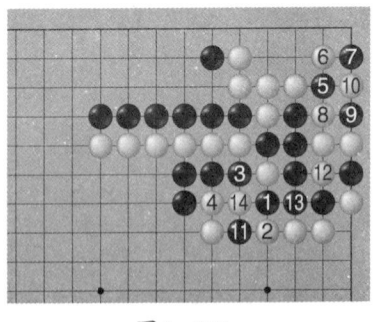

图5-156

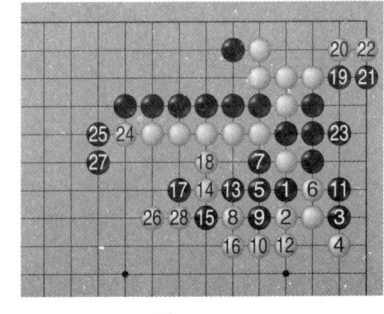

图5-157

必须在12位补棋。下面黑13、15、17先把白棋打成愚形，再于角上扳做活，至白28断吃一子补棋，大体是两分局面。

图5-158 白1压、3长，黑棋在征子不利的情况下不能飞，只能在4位长，下面白5、7连压两子之后，于9、11连扳也是非常凶的着法，黑棋只有借角上开劫做活，以下仍是白棋稍优的局面。

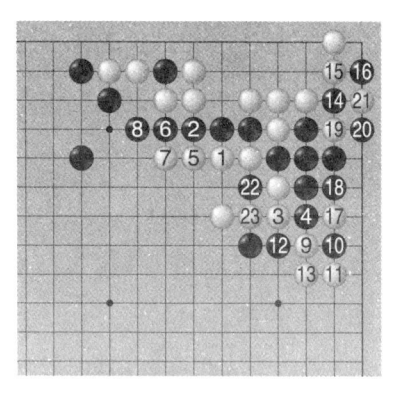

图5-158

图5-159 黑不愿损而在1位长，这时白棋有2、4打的手段，至白8补棋，黑棋被杀。白2=白6，黑5=黑7。

6. 白C长

图5-160 白在1位长也是大斜定式中的一部分变化，黑棋下法如何？

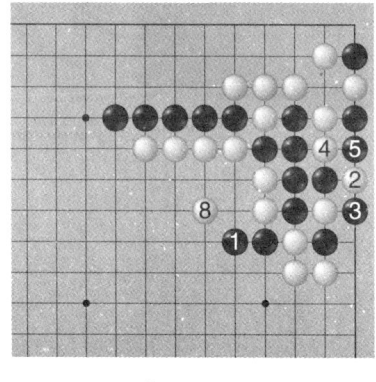

图5-159

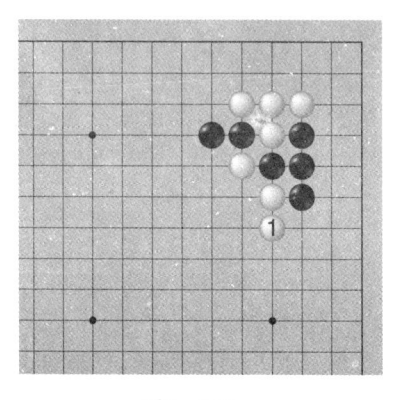

图5-160

图5-161 白1长，黑棋在征子有利时可在2位飞，当黑4打、6长时，白7并是要点，以下双方进行到黑18，大体两分。注意以后角上A位扳粘是非常大的棋。

图5-161

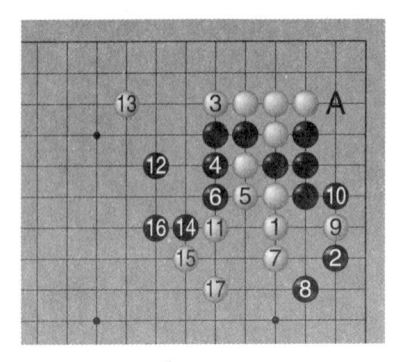

图5-162 当白1长时，黑也可以在2位打，然后再于4位长，以下至白19是定式。以后黑得机会再活动上边的黑子。

图5-163 黑3、5连长两子之后于7位挡下也是一种变化，下面双方做活至白20也是定式。

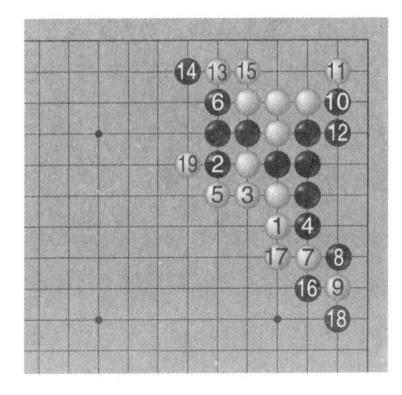

图5-162

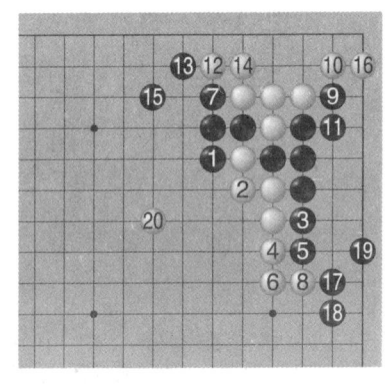

图5-163

04 式的安定

1. 包围

棋之最终目的为争地与多多作地,在争战过程中,每以巧拙见胜负。因此重点掌握对弱子的攻杀,显得十分关键。

这就涉及式的安定问题,下面从五个方面加以简单介绍。

图5-164 白一子落孤的情况,黑1为好手段,使其陷于死地。

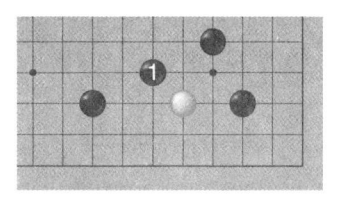

图5-164

图5-165 白2、白4想冲出重围,但全部在黑子包围圈内,如果做眼,一个眼不能活,两个眼无法做。攻击弱子最为重点。

2. 攻击

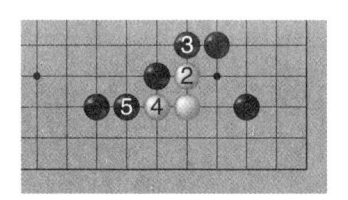

图5-165

图5-166 白一子落孤情况,左方黑△见迫,白棋须跑,黑棋坐收实利。

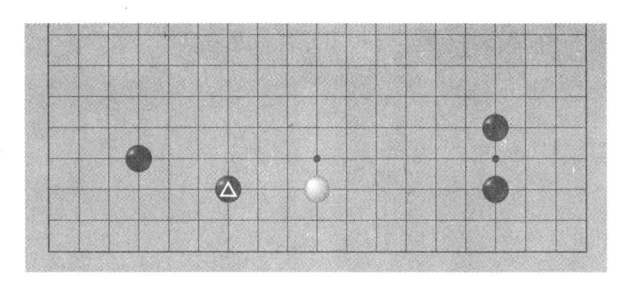

图5-166

图5-167 黑1，为攻白的绝妙之着。白受包围，白2向中央逃出。黑3紧追不舍定要灭亡。

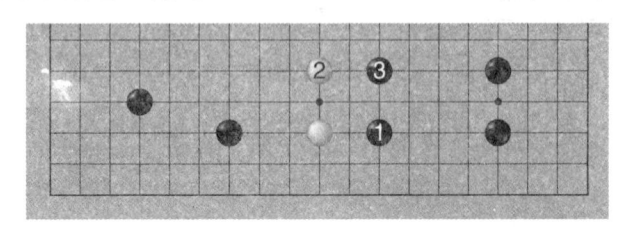

图5-167

双方在各下两子后，白虽然逃出，但是黑1、3两着后，右方新地模样可观。

黑方一面攻敌，一面作地，为作战中的理想形，对方的弱子可以造成本身的好优势。

3. 式的安定性

当无处攻击时，为巩固自己的势力，最重要的是眼形，有两只眼的地，才能发挥坚强的攻击力量。

图5-168 黑与白各走两手，比较一下，谁理想些？很显然，黑可于角上做活，稳居上风。

图5-169 黑1夹，攻击白两子。

这就是定式的安定性，角的有利性。

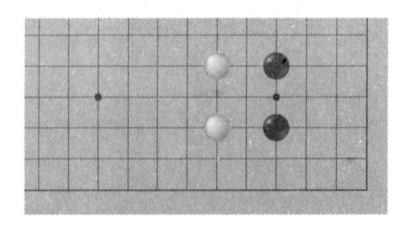

图5-168 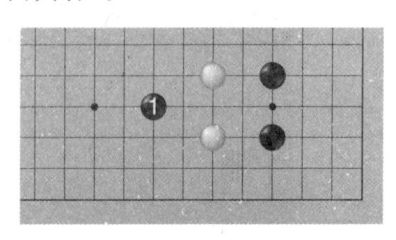　　　　　图5-169

4. 二间拆

在角上，边上作地终归有利，因在边处落子，易于作活，这里的原因是这样的：

图5-170 白1二间拆，是使孤子安定之基本形，按地形观测，边为平行，易多方发展出路，可相互呼应，单跳则无此利益，此白1称之二间拆。

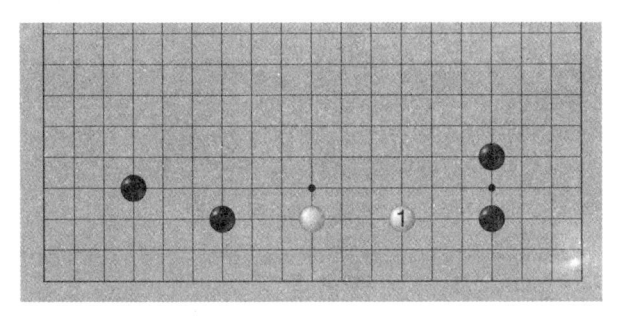

图5-170

图5-171 点线描绘之地形，为二间拆之资本，地并不大，但当遭受攻击时，此小地易于做活。

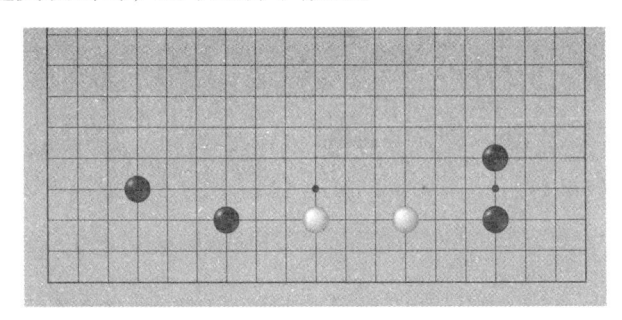

图5-171

二间拆基本形成立后，此形对手仍可乘机打入，如被分断，则发生危险，当对方侵入时，立即予以先断，简单做活。

图5-172 白1切断,黑2长时,白3连起无顾虑,黑△在第二线被封,出路太弱,黑4长,白5挡,黑二子再无路可走。

图5-172

5. 三间拆

图5-173 较二间拆多一路,白1之拆称为三间拆,但三间拆间隔稍远,难于联系,常有被断的危险。

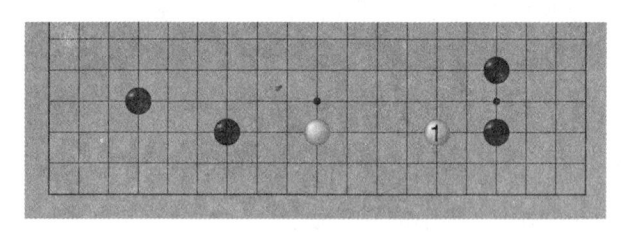

图5-173

图5-174 黑1打入,白很难应对,没有办法将之吃掉。

白2至黑5为一例,如此将白棋左右分断,白棋陷于苦战之中,白处劣势。

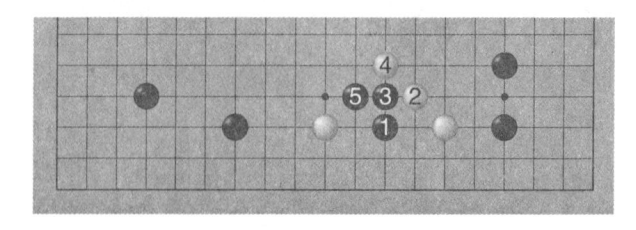

图5-174

图5-175 白1为配合白△，取三间拆，此情况与前图不一样，此形白无危险。

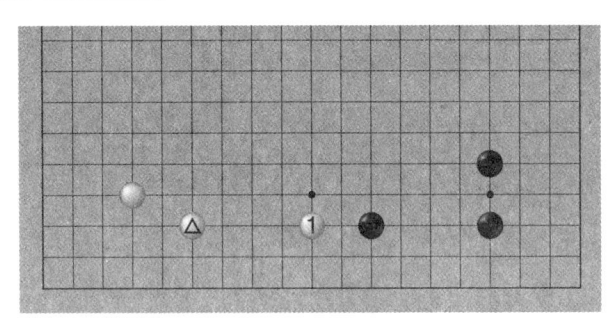

图5-175

图5-176 黑1中间打入，白2一间跳，黑立形孤单只得随之跳出。

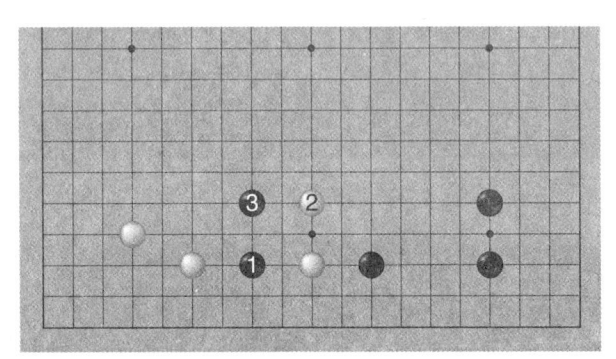

图5-176

左方白系小马步配档，赋此强劲，无后顾之忧。

白2以后，黑亦黑3跳出，否则危险，双方成为五五之势。

另外一种三间拆，形势更佳，不虑失去联络，而有坚强防守力量。

图5-177 白1配合白右边做三间拆，因右方直立三子，形

势特强，此三间拆无一弱点。

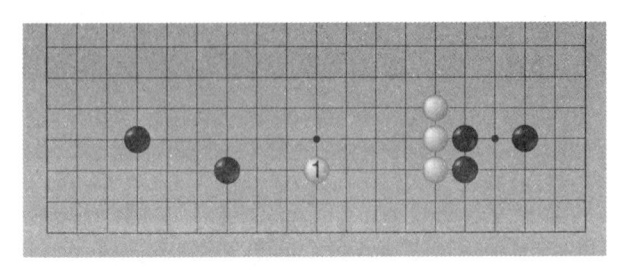

图5-177

图5-178 黑1中间打入，等于"给大王送菜"。白2之尖成立，黑3立，白4封挡，黑难以逃出。

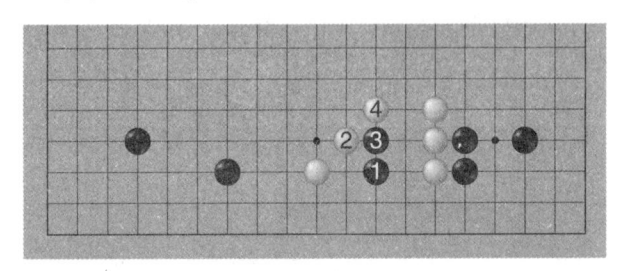

图5-178

图5-179 此白之三间拆，一方在第三线，另一方在第四线的位置，为三间拆之另外一种。

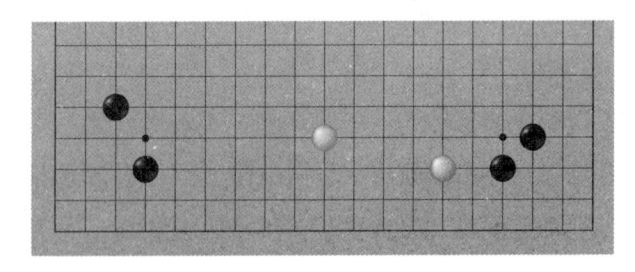

图5-179

图5-180 黑1中间打入，白2碰，防御力量甚强，黑3断，

白4切为紧要，以下至白8止，黑方苦形，白可于A处枷吃黑3，最初地形开阔时，不易崩散。

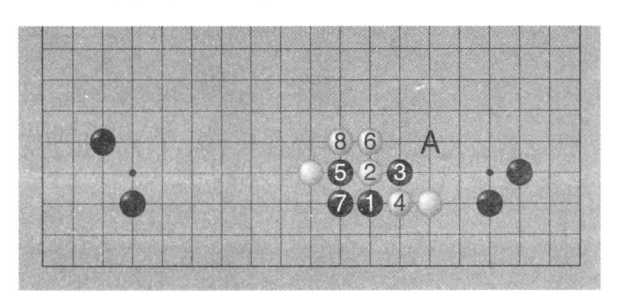

图5-180

图5-181 白1的局面，学习三间拆的打入方法。

图5-182 黑1是常见的侵入手段，白2也常见。

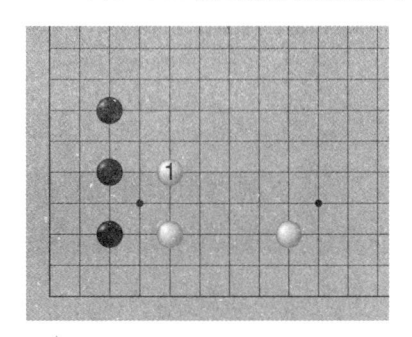

图5-181 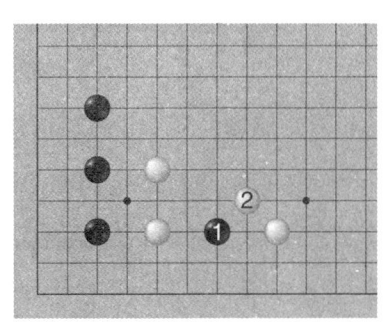　　　　　图5-182

05 三三定式

图5-183 黑1走三三，一手即可占据角上实利，这种着法就称为三三定式。白对三三的挂有A、B、C、D四种变化，以下加以分别介绍。

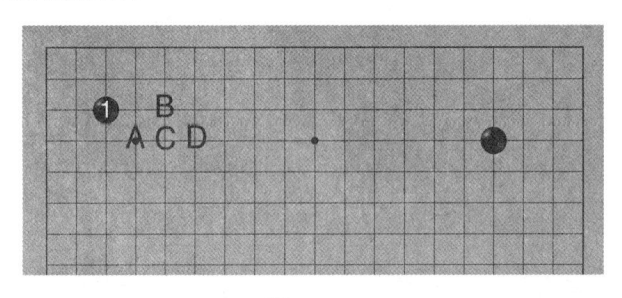

图5-183

1. 肩冲

图5-184 白1即是肩冲。对付三三，从来只有肩冲这一种下法，这也是针对它位低而压迫它的有力手法。但如今这种着法已有所不同，所以下法上也不仅限于肩冲一种了。

黑2爬，白3退是一种下法，黑4飞，白5二间跳，以下至白7止的变化，为基本定式之一。

黑6时也可以脱先它投，但白7若脱先，黑A位飞起是好点，十分严厉。

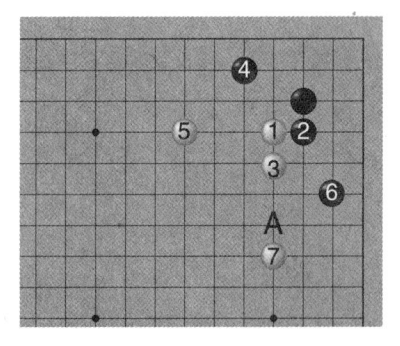

图5-184

图5-185 白1拐是最简明的下法，黑2飞，可以认为是绝对的一手，至白3拆止的变化，为基本定式之一。

这种下法虽使白棋有退让之意，但绝对没有错误，双方可谓是平分秋色。

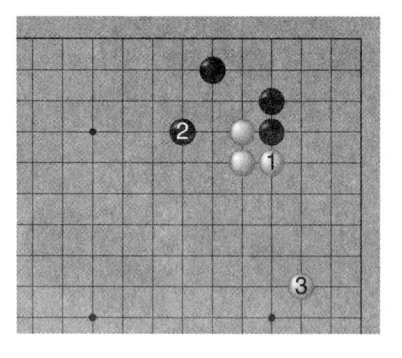

图5-185

图5-186 黑1拐是厚的下法，白2跳为正着，黑3长时，白4飞是形，这个变化为基本定式之一。

黑5跳，白可A位挡；黑B位跳，白可C位挡，总之左右为见合的关系。

图5-187 黑1爬时，白2跳也是一种下法，这是根据周围情况而轻微地整形。黑3夹是常用的手筋，以下至白8止的变化，为基本定式之一。

以后黑A位，则白B位；黑C位，则白D位是正确运行。

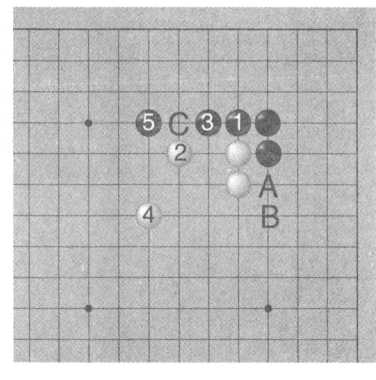

图5-186

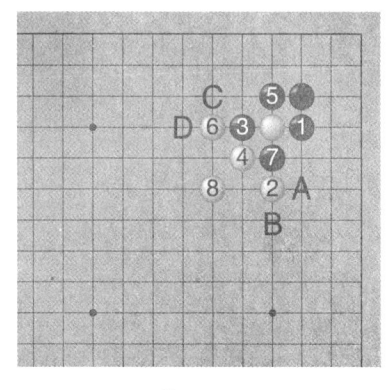

图5-187

图5-188 白2时，黑3立稍显松弛，以下至白4跳止的变化，为定式之一。

图5-189 白1跳时，黑2挖也是一种下法，白3打、5粘，至此的变化为定式之一。

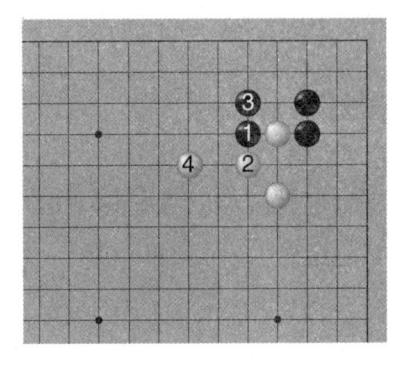

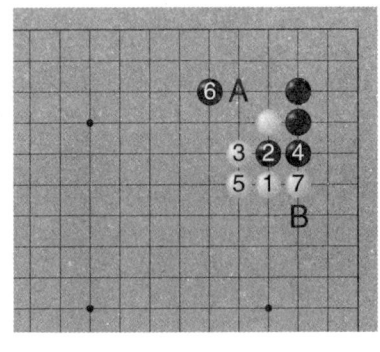

图5-188

图5-189

黑6是手筋，若A位跳则无味，给白留有6位靠，不好。黑6若B位跳，白7位则是愚形。

2. 一间低挂

图5-190 白1一间低挂，黑的应手有A、B、C、D。

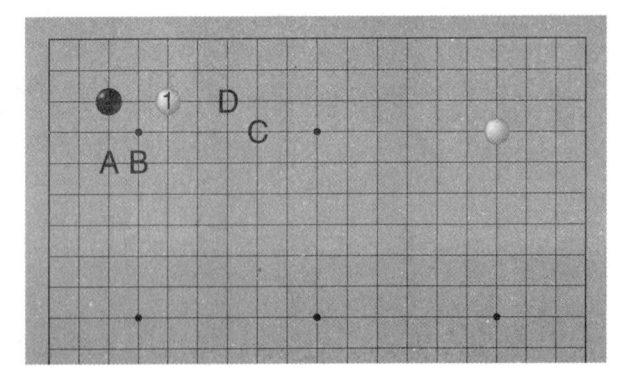

图5-190

图5-191 白1挂,黑2应是三三一子与白1同形先着走中尖的意思。

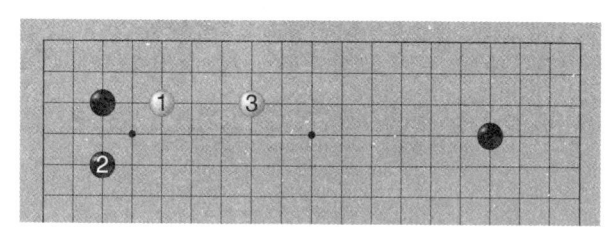

图5-191

图5-192 对黑2夹,白3飞压是好子,黑4、6扭断的下法如征子不利则不成立。

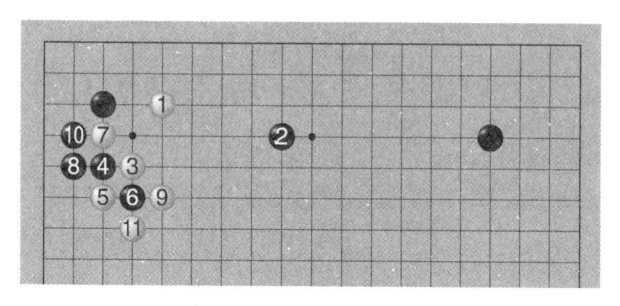

图5-192

图5-193 黑2一间夹,白3时,黑4靠渡的下法使白加厚,但右上有配置时也可下。

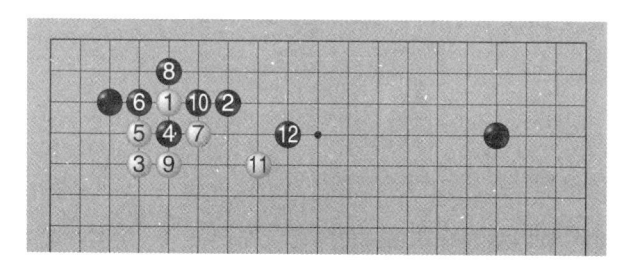

图5-193

3. 一间高挂

图5-194 白1一间高挂，黑的主要应手有A、B等。

图5-195 白1、黑2的形与最初黑2占目外，白1高挂，黑跳入三三的形相同。

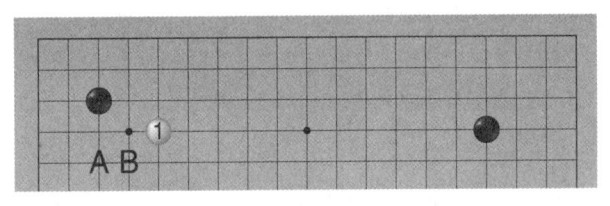

图5-194

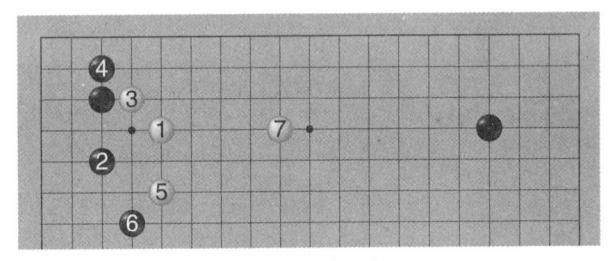

图5-195

图5-196 黑2的应对为好手。白3后黑沿四线爬，一般场合均为黑有利。

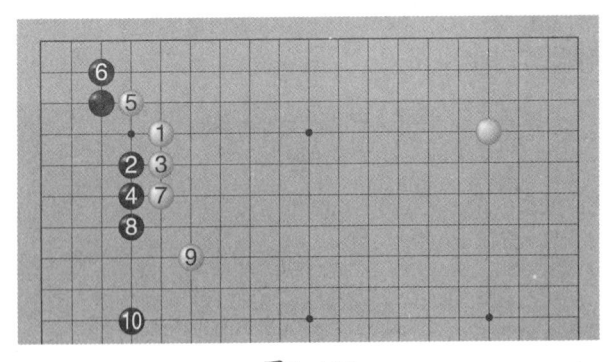

图5-196

4. 二间低挂

图5-197 白1二间低挂，黑主要应手有A、B、C、D等。

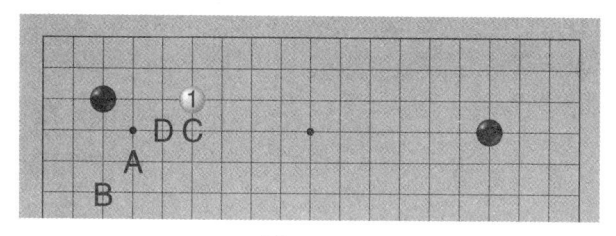

图5-197

图5-198 白1二间低挂。黑2、白3是普通的应接。至黑4为实战中的常用形。

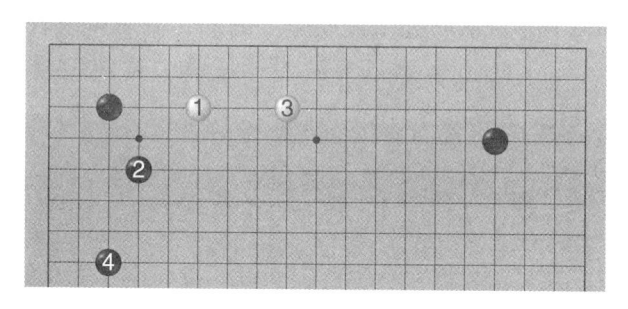

图5-198

5. 二间高挂

图5-199 白1的二间高挂在实战中最为常见，黑的主要应手在A、B、C、D、E、F等。

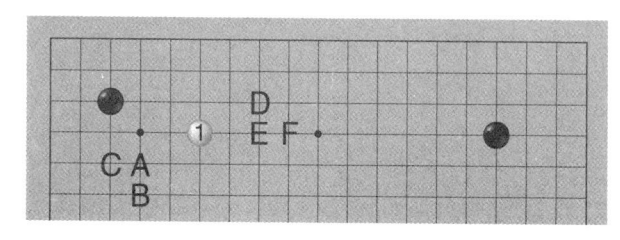

图5-199

图5-200 黑2、白3、黑4为一般应对，是实战常用形。

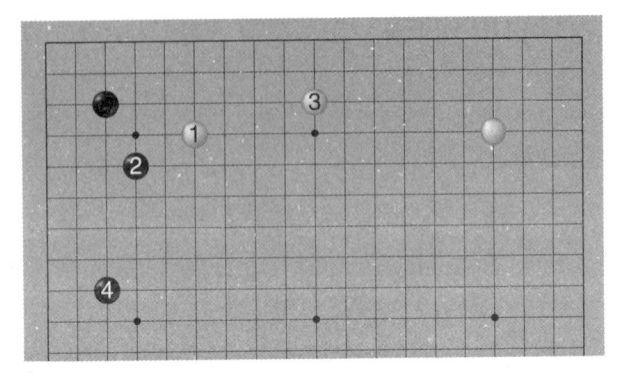

图5-200

图5-201 黑1从防守来说属坚固的形，以后可以轻易打入白阵。

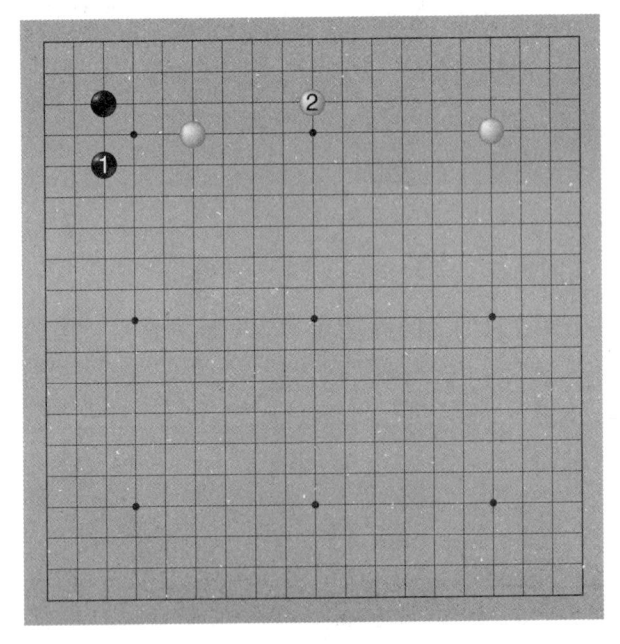

图5-201

图5-202 黑3大飞应保持着先的效率,故在实战中多被采用。白6守的同时瞄着角上的手段,一般黑应再补一手。

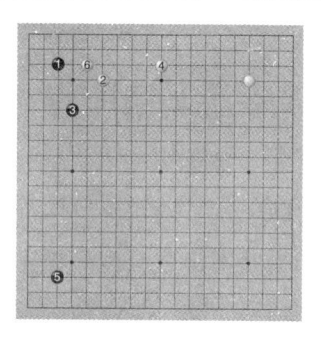

图5-202

图5-203 的白1即是二间高挂。挂的位置越远,侵角的可能就越小。黑2单关应是最正统的下法,白3托角,黑4扳、6立可确保角地,以下至白9拆止的变化为基本定式之一。

图5-204 的白1扳时,黑2粘坚实、简明,白3退,黑4再扳,以下至白5拆止的变化也为定式之一。

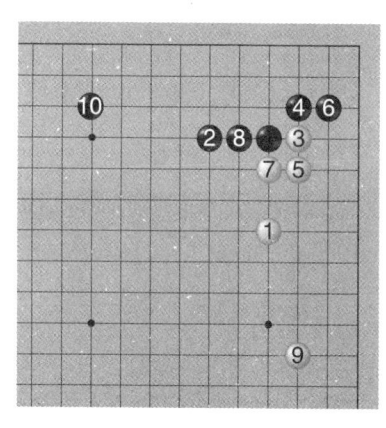

图5-203

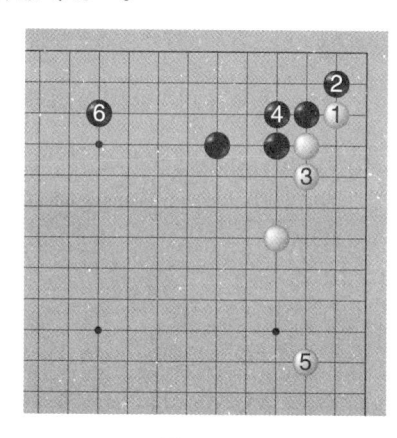

图5-204

06 星定式

图5-205 黑1即是星。白2小飞挂是常见的。黑对此有许多种应对之策，下面介绍一些常用的。

1. 小飞挂·小飞应

图5-206 白2、4为基本定式。以后黑A、白B、黑C压。

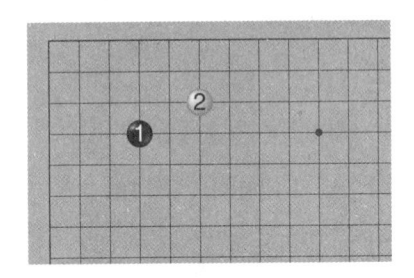

图5-205 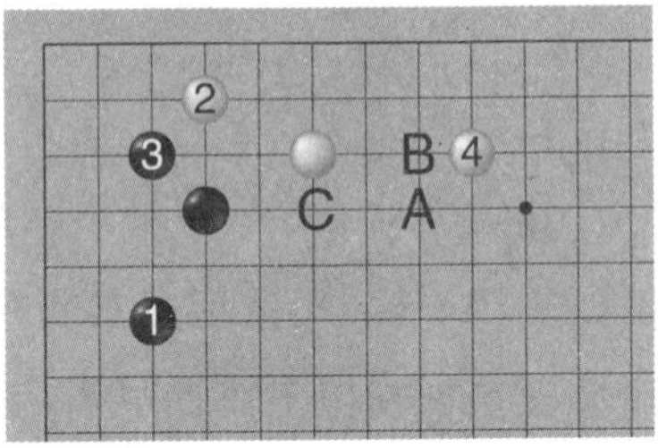　　　　　图5-206

图5-207 黑改在2位夹，白3进角，黑4、6封锁。黑是取外势的走法。

图5-208 白1、3是基本定式。黑4粘坚实，此手也可走成黑A、白5、黑B的变化。

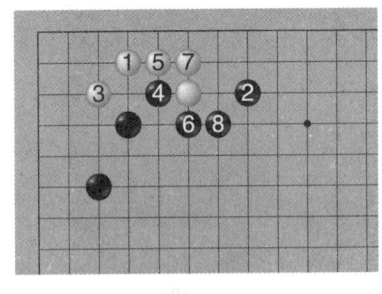

图5-207 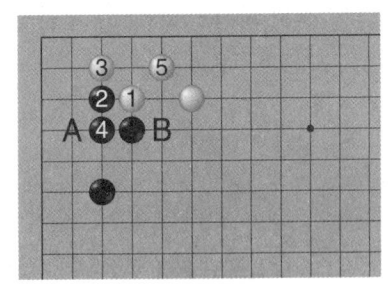　　　　　图5-208

图5-209 白1于另一侧逼,黑2立守角好。白3如不拆,黑夹攻的手段严厉。

图5-210 黑2跳补是好手。守角的同时也产生了黑A、白B、黑C渡的手段。

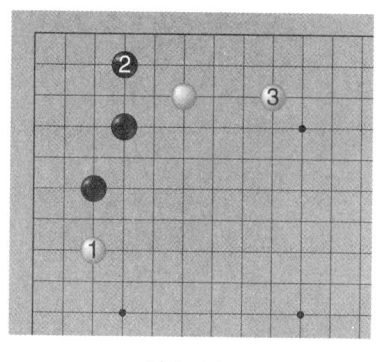

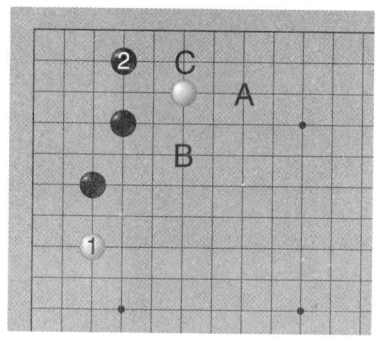

图5-209

图5-210

2. 小飞挂·一间跳

图5-211 对白2的挂,黑3跳的实例最多。

图5-212 白1、3是角上的基本定式。黑4的着点很大,以后黑A将有几分攻击的意图。

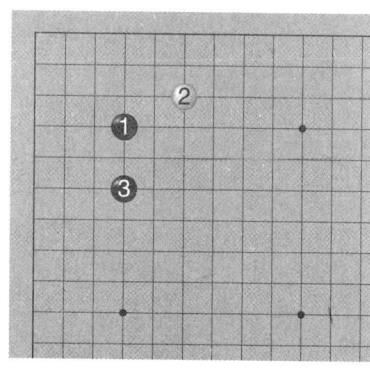

图5-211

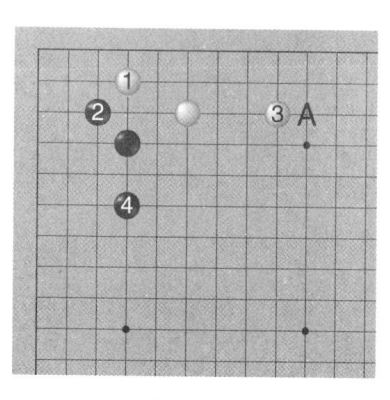

图5-212

图5-213 黑2、4、6是彻底占据外势的下法。白以下有A消或B逼后C托渡的手段。

图5-214 黑4后，白不直接应而走5位。黑6立下，白7进入左边，这也是白的一法。

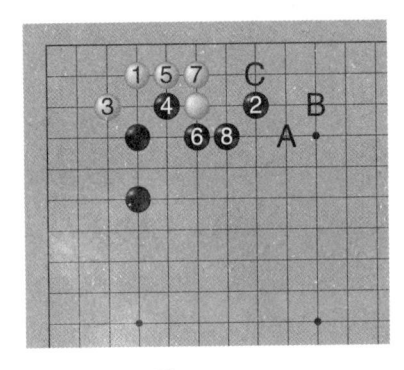

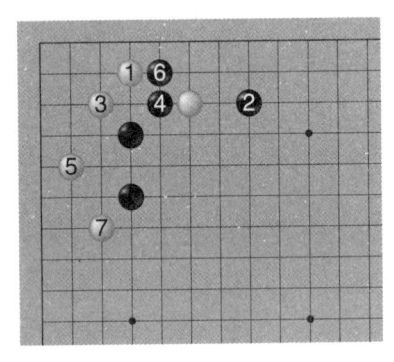

图5-213

图5-214

图5-215 白1、3托虎是自我整形的下法。以后含有白A、黑B、白C打劫的手段。

图5-216 白1于星下拆，黑2也拆，白3打入。黑6挡简明，之后黑A扩张的手段很多。

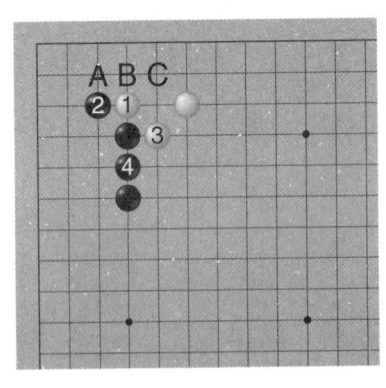

图5-215

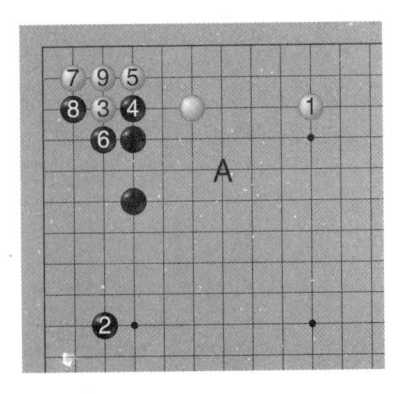

图5-216

3. 小飞挂·大飞应

图5-217 黑3大飞在让子棋中比较多见。

图5-218 白三三打入要选择时机。白3也可于5位先扳，白3后黑4长是本手。

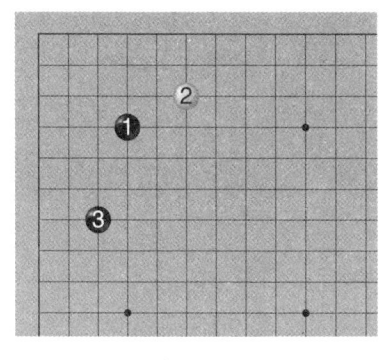

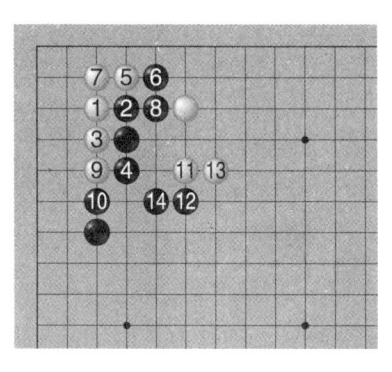

图5-217　　　　　图5-218

图5-219 黑4挡。白5如先于9位扳，则黑10、白5、黑6、白7、黑8结果相同。

图5-220 白1、3，黑4退，这是"扭十字长一方"的典型下法。用黑A、白B也可。

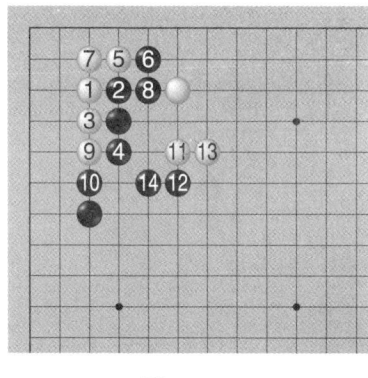

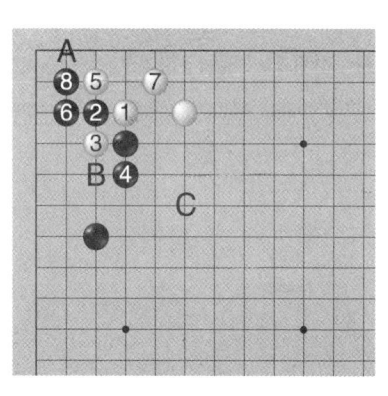

图5-219　　　　　图5-220

图5-221 白1与黑2交换后，黑4守可防止白在角上的手段。白5拆，相互皆为本形。

图5-222 白1跳，黑2立是好点。白3、5走厚中央，而黑可占A或B位大场。

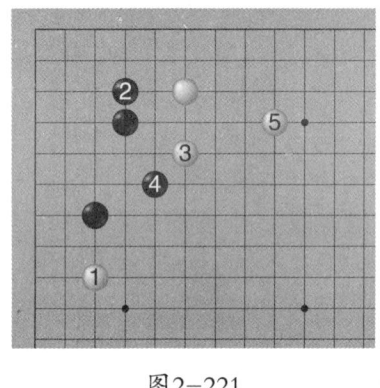

图2-221 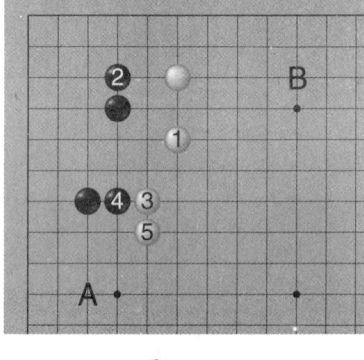　　　　　　　　图5-222

4. 小飞挂·压

图5-223 对黑3压的下法，白多于A位扳，接下来黑则有不同的应对手段。

图5-224 黑1、3压长至5是定形。白6拆时，若黑7在A位补，则不会被白冲断。

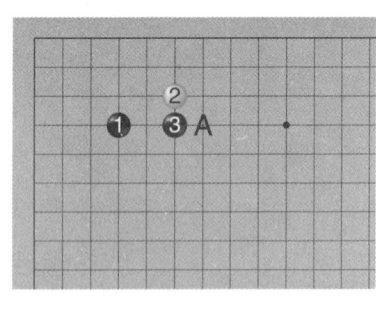

图5-223 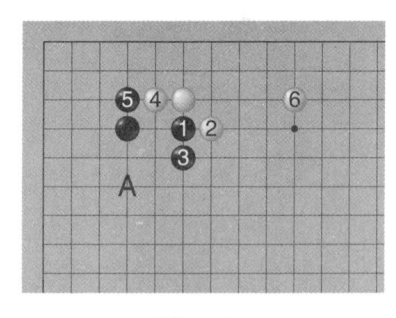　　　　　　　　图5-224

图5-225 黑1、3虎接挡，5以后白在6位粘，黑7白8都各有所得。

图5-226 黑3反扳的下法多在让子棋中左边星位有星子的场合使用，一般说最后黑有点儿吃亏。

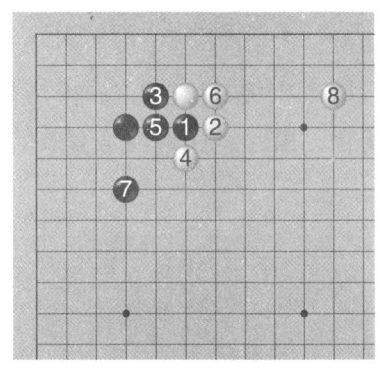

图5-225 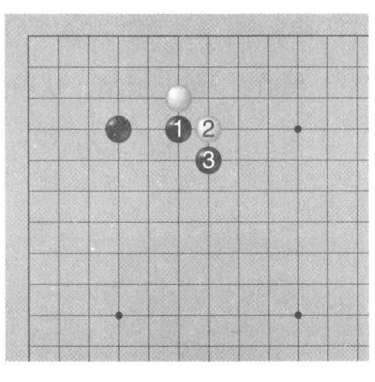　　　　　　　　图5-226

图5-227 白1、3打后5长是充分的姿态。黑6如挡A位，白6位曲是好手。

图5-228 白在征子有利时可在2位挖。白6、8提吃后很厚，白方稍好。

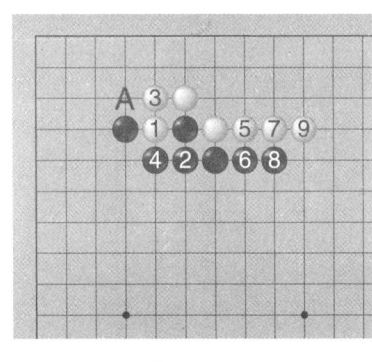

图5-227 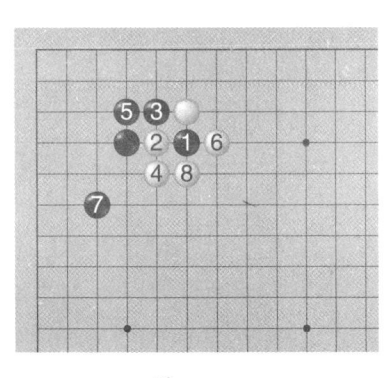　　　　　　　　图5-228

5. 小飞挂·一间低夹

图5-229 黑3的一间低夹是严厉的下法。

图5-230 白1后黑有2挡或3挡两种选择。黑2挡△一子窄，黑4可于角上扳粘，从局部上看，白稍占优。

图5-231 在左边有黑子的场合，黑2挡至6封锁是有效的手段。

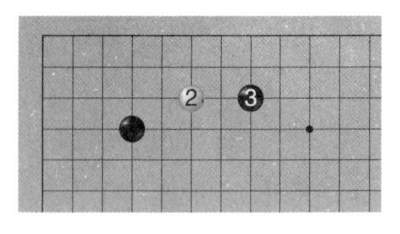

图5-229

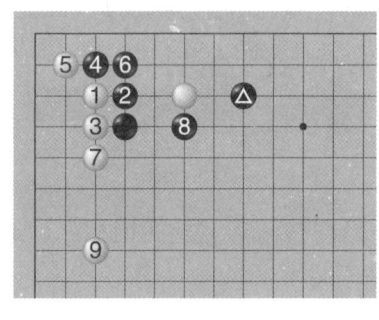

图5-230

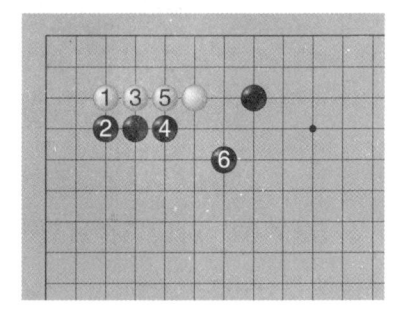

图5-231

图5-232 白1跳、3罩压后黑4至8应，然后白9退补是必要的。

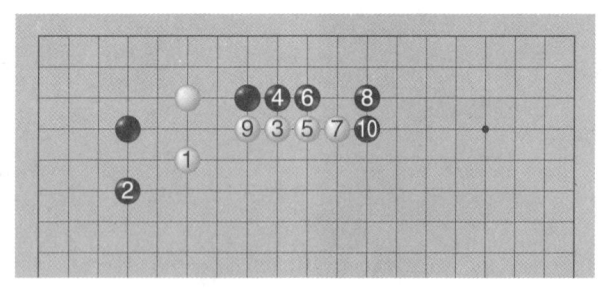

图5-232

图5-233 白1小飞出头的下法颇见力度。黑2、4是常识的手段。

图5-234 白1、3靠退，黑4后白5断吃一子是坚实的下法。

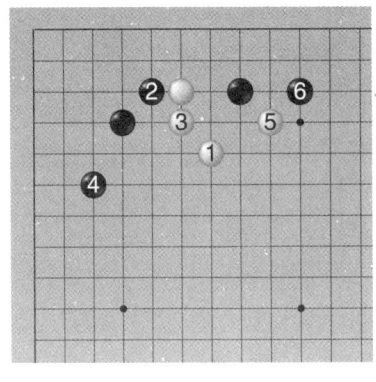

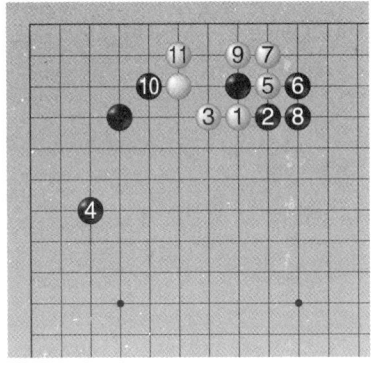

图5-233

图5-234

6. 小飞挂·一间高夹

图5-235 黑1一间高夹攻击严厉，白不能脱先。

图5-236 白1打入三三是避免战斗的下法。黑2或3挡的取舍要根据左边配置来决定。

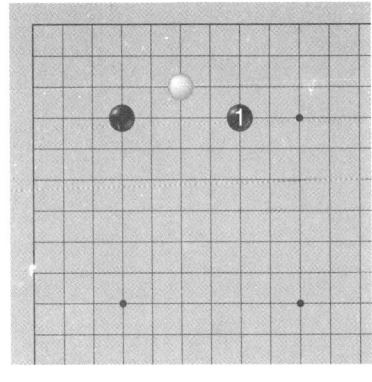

图5-235

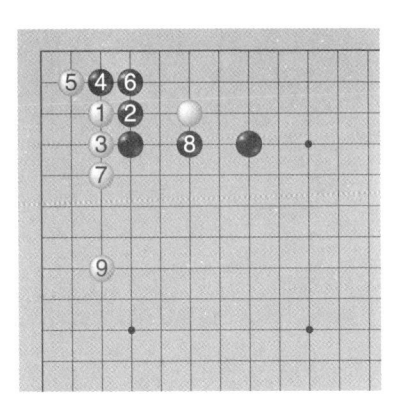

图5-236

图5-237 白7跳，黑8长后利用10包围是好形。此为两分的局面。

图5-238 白1跳出，3、5两面飞整形，双方无事。

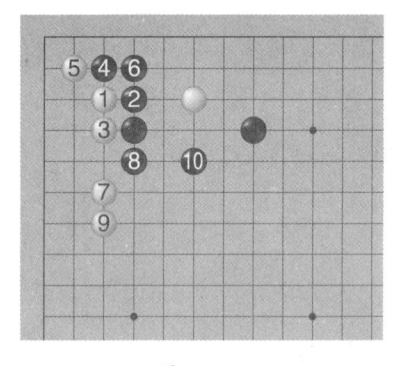

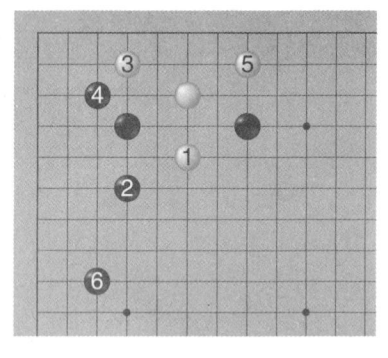

图5-237

图5-238

图5-239 白1飞，黑2、4守角好。白3如走A，则黑B、白C、黑4守。

图5-240 白2立，黑3跳取地，右侧同时采取追攻的形。在实战中黑的走法比较积极。

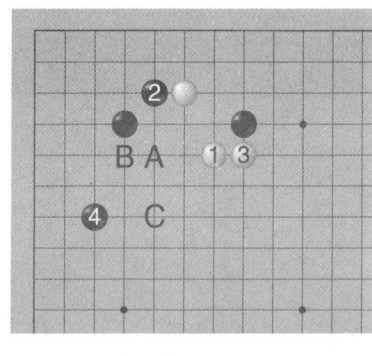

图5-239

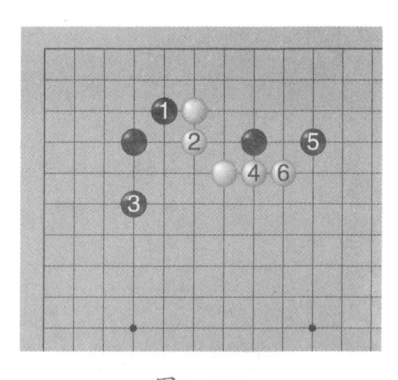

图5-240

07 目外定式

目外定式主要指的是拆与夹手两方面的内容。

1. 拆

图5-241 白1对目外黑子以小目挂攻之。

黑2拆简单明了,如二间拆未免太小,至少三间拆才显其成。

白3尖,坚实守角,黑则须黑4补。

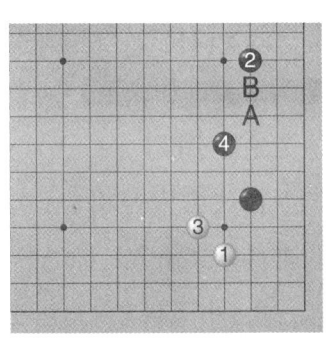

图5-241

图5-242 如白2脱先,是对小目黑1之高压手段,至黑5止,黑成强有势之外形,配合黑△一子相得益彰。

2. 夹手

图5-243 黑1之夹为急于求战,为有力之攻手。

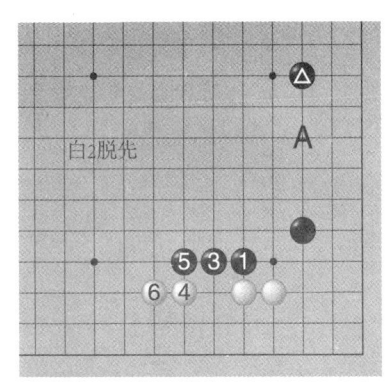

图5-242

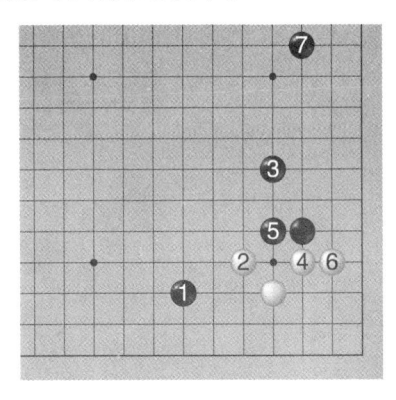

图5-243

白2出头，否则关进有损。

黑3守时，白4、白6保角，先建根据地，以求安定。

黑7拆，扩展右方势力。

图5-243、图5-244之白4至为重要，如未下，则黑1马步进为绝好手段。

白失去安定机会，为黑之攻击目标。

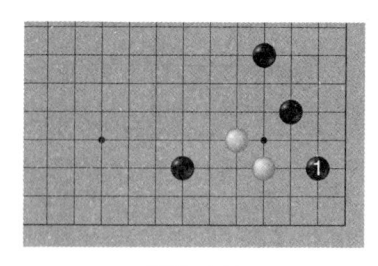

图5-244

3. 小飞封

图5-245 白1直接三三位

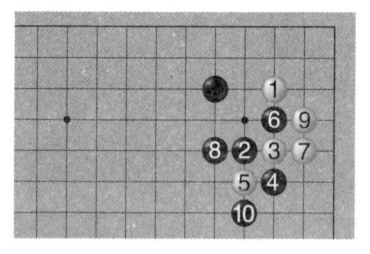

图5-245

挂，黑2小飞封，一般都会形成白棋实利、黑棋外势的结果，白3、5托断是常见的手段，黑6打、8退是常见的手筋，至黑10征止，为基本定式之一。

图5-246 黑1粘、3长是作战态势，白4挤为手筋，先手防黑A位夹，至黑11拆止的形势两分，为基本定式之一。

图5-247 白1虎也是有的，3扳、5长后，黑6托、8点是手

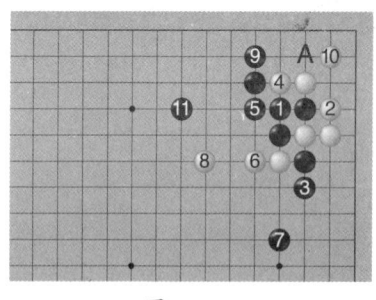

图5-246

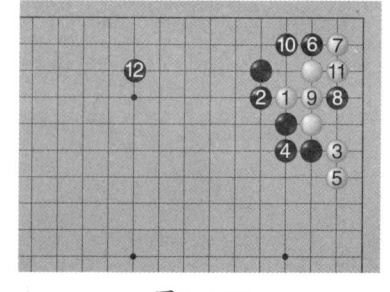

图5-247

筋，至黑12拆止，为定式之一。

图5-248 黑1退也是一种下法，白2托为手筋，白4、6时，黑5、7退是正确下法，白8、10是正确次序，至此是定式之一。

4. 外靠

图5-249 黑1外靠是想早一些定形，但征子应有利。白2扳以下至黑9征吃止的定式与高目定式中的外靠之形相似。

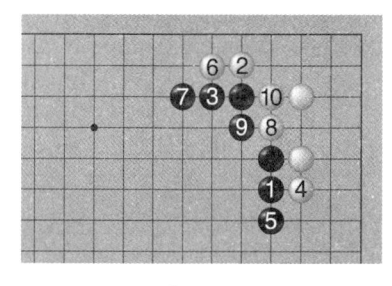

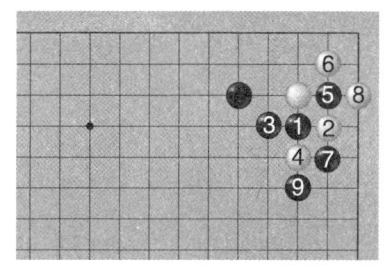

图5-248

图5-249

图5-250 黑1外断是征子不利时的着法，白棋是黑断哪边吃哪边，至白6挺头止，为定式之一。

图5-251 白1长是不愿被黑棋征吃，因而甘愿低位行走，至黑6拆止，为定式之一。

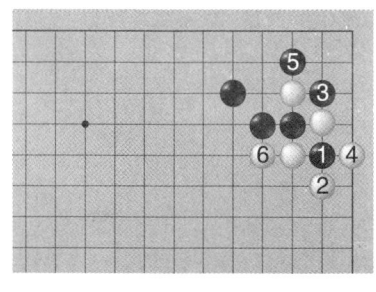

图5-250

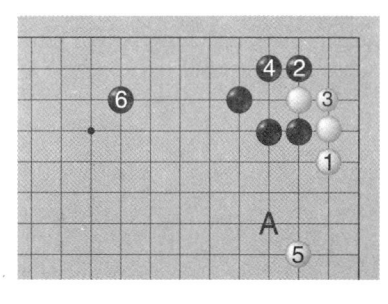

图5-251

5. 上靠

图5-252 黑1即是上靠，一般说来，这手棋更为积极，白2挖是一种应法，白4粘，黑5长是急所，以下至白10虎止，为基本定式之一。

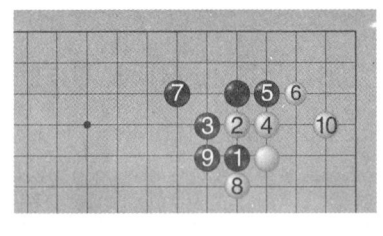

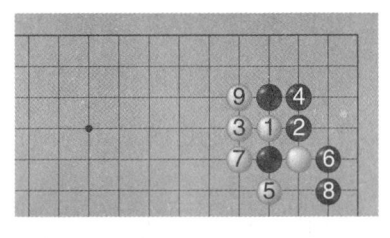

图5-252

图5-253

图5-253 黑2、4断打粘，再6打、8长，至白9挡止，为定式之一。

黑棋得实地，白棋形坚实，为两分之势。

图5-254 白1扳，黑2退也是一种下法，白3时，若黑11位挡则还原成小目高挂外靠之形，故黑4断，至白13点止，为定式之一。

图5-255 黑1断，必须是征子有利，白2立、4抱吃，至白8

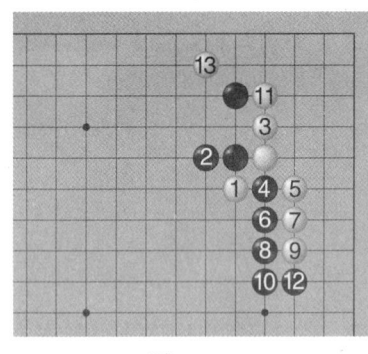

图5-254

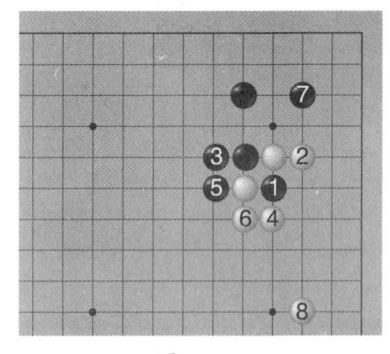

图5-255

拆止，为定式之一。

6. 飞压

图5-256 白1小目位挂时，黑2飞压张势，是直截了当取外势的下法，白3长，只此一手，黑4长，白5跳，至黑6拆止，为定式之一。

图5-257 黑1、3冲断，5、7打后，9顶至黑11拆止，为基本定式。

图5-258 黑1、3连压，白4、6连扳都是严谨的下法，黑7、9冲断、11先手顶后，再13、15打退是好次序，至此为基本定式之一。

图5-259 黑1顶也是一种下法，白2挺头，正着，黑3补时，白4跳为本手，黑5冲、7立争实地，白可脱先它投，至此

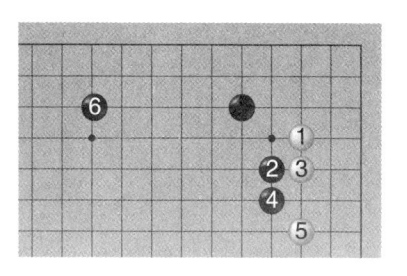

图5-256

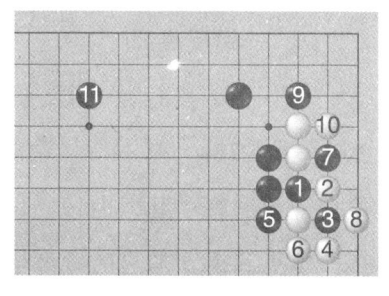

图5-257

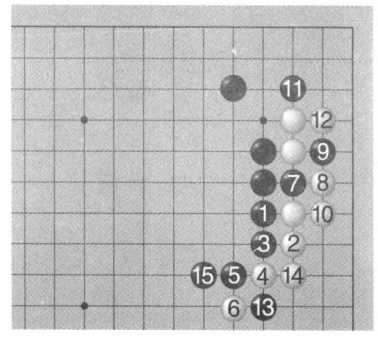

图5-258

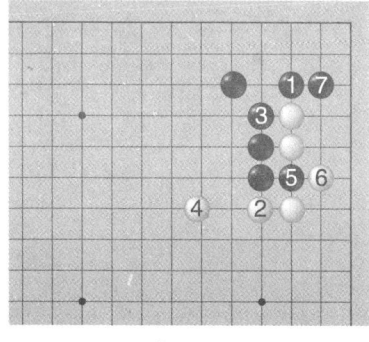

图5-259

为定式之一。

图5-260 黑1跳是快脚步，白2挖是手筋，黑3、5打粘时，白6尖顶，好次序，黑7立，白8跳出，至黑9拆止，为基本定式之一。

7. 一间反夹

图5-261 黑1为一间反夹，主要是想在右边求得发展，白2尖出至黑7拆为基本形，白8刺后再10尖顶是次序，黑11点是值得一记的好手筋，白12、14、16可吃黑一子，黑17、19先手提一子再21拆，两边的形都很生动，至此为止，为过去的典型定式。

图5-262 白1靠为一种下法，黑2、4为急所，黑6长、8挖是次序，再回手12挡后14拆，以下至白15飞止的变化，为基本定式之一。

白15飞则是双方必争的要点。

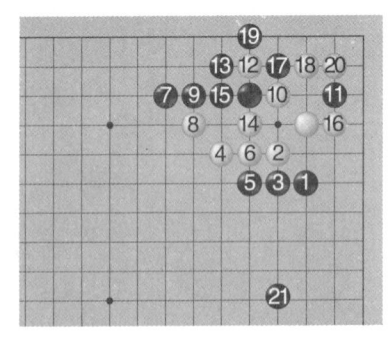

图5-261

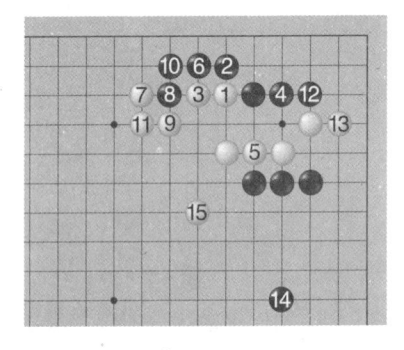

图5-262

图5-263 黑1飞起是新形,白2虎,黑3跳后,白棋在角上没有生根的恰当手段,白4尖顶,黑5长,白6粘上为愚形,以后黑A位扳会很麻烦。

图5-264 白1先尖顶,黑2长为好次序,以下至黑6拆止的结果,白棋表状很难令人满意。

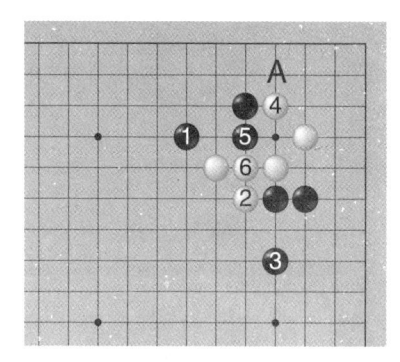

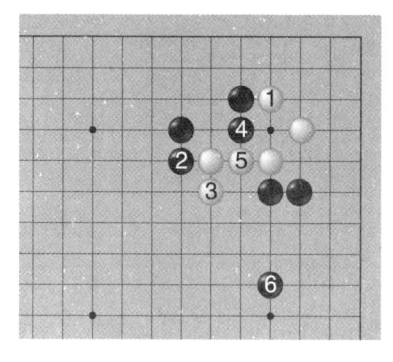

图5-263

图5-264

图5-265 白1飞压,以下至白11跳止,为定式之一。但是,其优劣的结果要看之后的下法。

图5-266 白1压、3退,黑4虎,都是坚实的下法,黑6跳为大势上的要点,至白7飞封止为定式之一。

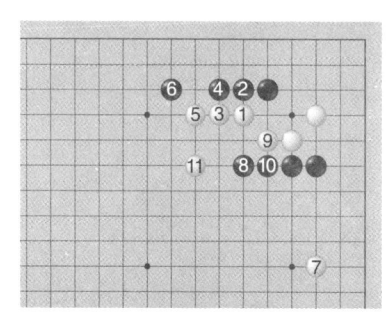

图5-265

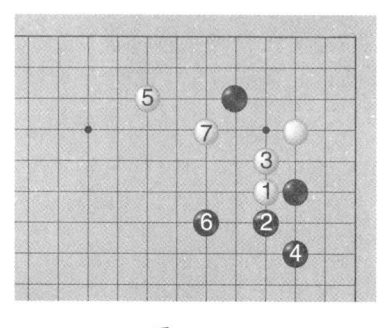

图5-266

图5-267 黑1点，至黑7可以连回，若白2于7位阻渡，黑3位尖可以净活。

图5-268 黑1长也不是不成立，以下至黑7飞封，虽然有些俗手味道，也有些薄味，但根据场合也为可下。

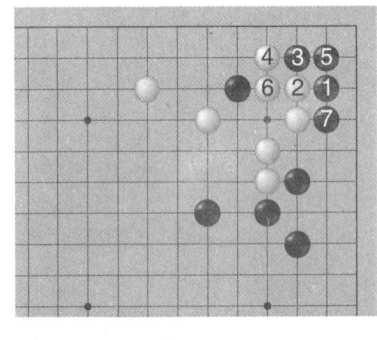

图5-267 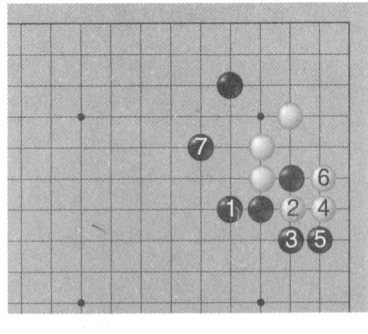　　　　　　　　图5-268

图5-269 白1上长为一法，黑2粘时，白3压为唯一之形，于黑4长、6跳止为双方最佳次序，是基本定式之一。

图5-270 黑1长，白2退当然，黑3上长，顺调5并整形，白6挡坚实，若7位方面夹，则成急战，至黑7拆止，为基本定式之一。

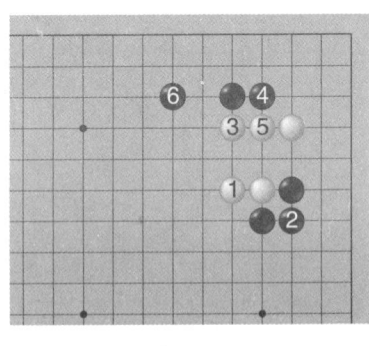

图5-269 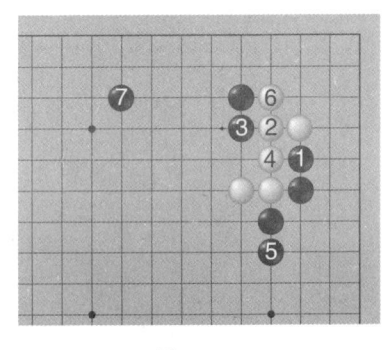　　　　　　　　图5-270

图5-271 白1、3压长为简明之法,黑4长时,白5只得双,至白7止,为基本定式之一。

图5-272 白1尖顶,3扳至9跳出为古来有之,至黑10拆止,为基本定式之一。

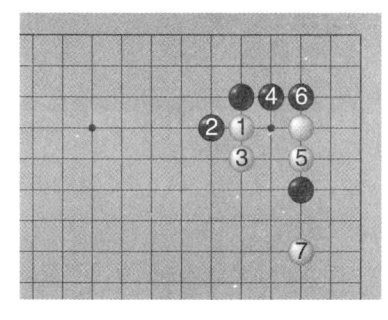

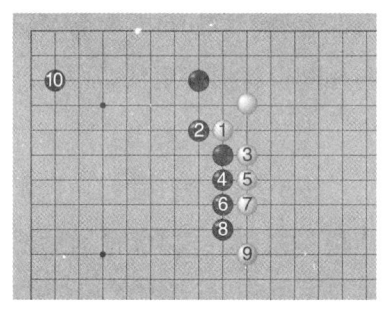

图5-271

图5-272

图5-273 白1压,争夺右边,黑2打、4断,白5打时,黑6立,多送一子,以下至白13提止的结果,白棋很厚,黑棋也无废子,双方两分,为基本定式之一。

图5-274 白1碰,会略显笨重,却不失为一种好的策略,黑2尖是形,黑6尖、8挖、10粘定形,以下至黑14跳止,为定式之一。

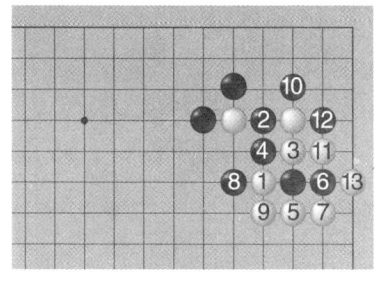

图5-273

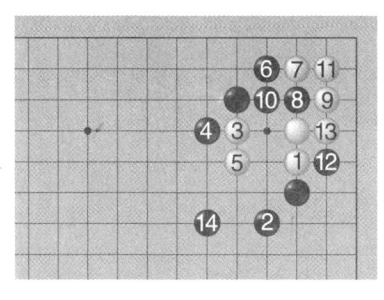

图5-274

8. 二间反夹

图5-275 黑1即为二间反夹，是目外定式中所使用最多的夹法，它不像一间夹那样紧迫。白2尖出时，过3拆二，若与右下角相配合将形态更佳，白4、6坚实，为基本定式之一。

图5-276 黑1跳起为扩张右边模样之法，白4尖顶为紧要之着，至黑7拆止，为基本定式。

图5-277 黑1飞是以上边为主的下法，至黑5拆止，为基本定式之一。

图5-278 白1、3压出，白5挡为基本手法，白7碰，至11止为就地生根之策，是基本定式之一。

这个定式的结果是：白棋自身安全，但也让黑棋坚实。

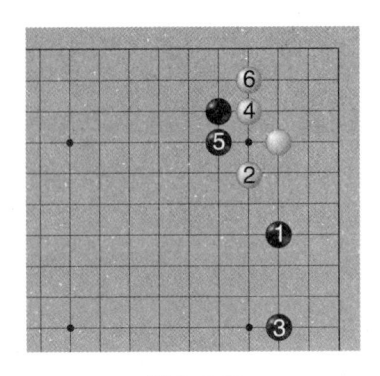

图5-275

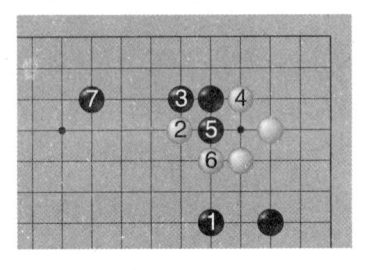

图5-276

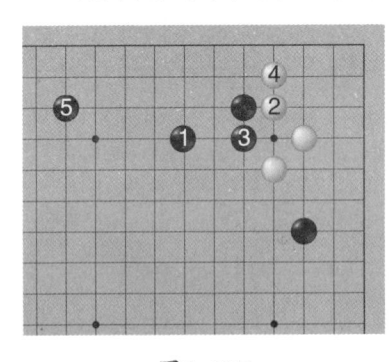

图5-277

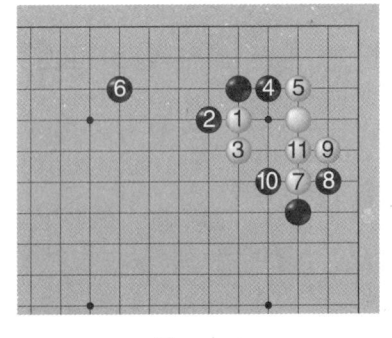

图5-278

08 定式后的定形

定式后的定形根据达到定式的着法不同,可分为星定式后的定形、小目靠压定式后的定形、一间高夹后的定形和高目定式后的定形四个方面。

1. 星定式后的定形

图5-279 黑先手时左上角的定式最有利的定形是怎样的?

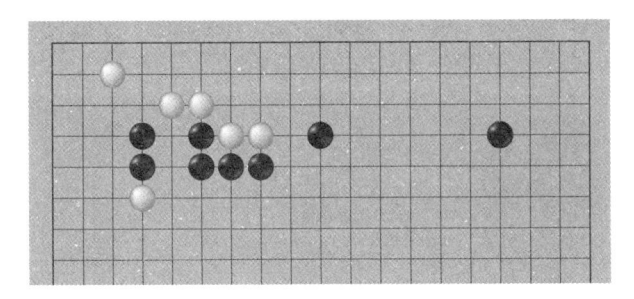

图5-279

图5-280 黑1点是定形的急所,黑3顶住棋形厚壮,与右边星位黑子的配合极好。

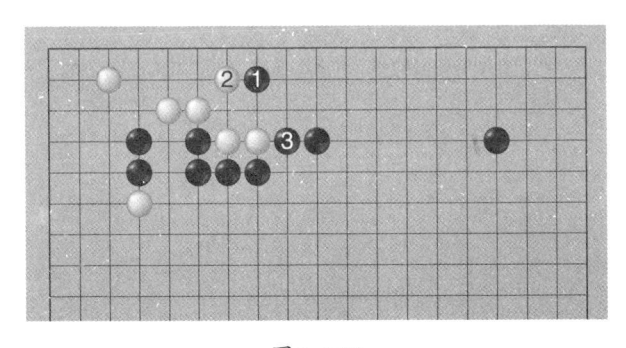

图5-280

图5-281 此时白2尖是唯一的反击手段，黑3、5挡下，至黑9，黑棋通过弃子形成完整的外势。

图5-281

图5-282 白2后白脱先，黑1至5，白地被缩小。其中黑5亦可酌情走A位，成为劫争。

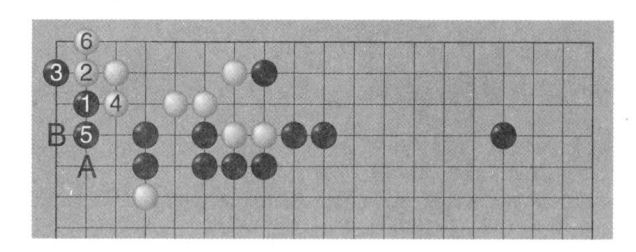

图5-282

2. 小目靠压定式后的定形

图5-283 是小目靠压定式的一种变化，类似的棋形在棋局

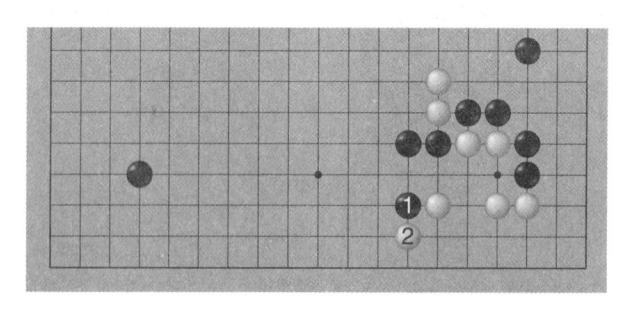

图5-283

中常见。现左边星位有一黑子，所以黑1靠下，但白2扳，以下黑如何定形？

图5-284 黑1单长，一般至黑3跳虽亦算一形，但以后白可于A位挖，虽黑B、白C是定形，但黑位太坏，而且白今后打入左边可借力。

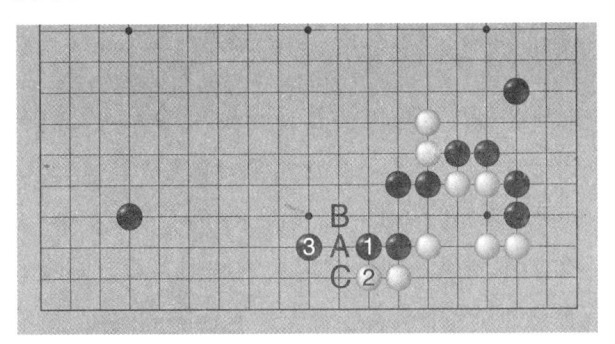

图5-284

图5-285 黑1断是整形的关键。黑3打是次序，至黑7，黑漂亮整形。另外，黑7亦可于A位粘，现黑7有弹性，白如A位断打，黑可B位反打定形，形成铜墙铁壁，与左边黑子有着极好的配合。

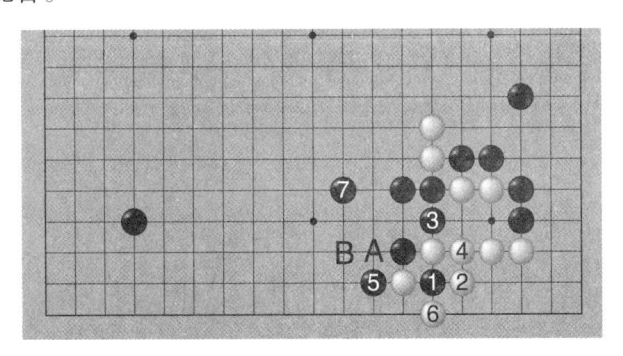

图5-285

图5-286 白2如反击，无理，黑不用A位粘而3反打，白棋大坏。

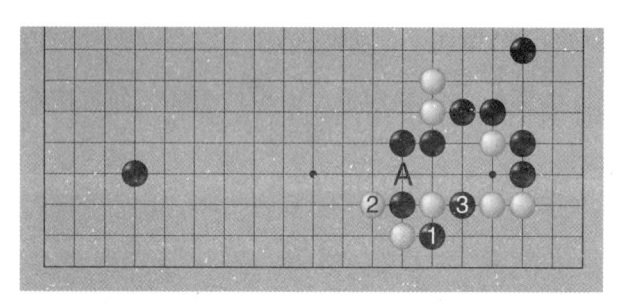

图5-286

3. 一间低夹后的定形

图5-287 本图是一间低夹定式的一形，双方围绕着A位之点结合全盘局势来定形。A位有关双方势力的消长。

图5-288 黑1压，是扩张右边大势的一手，白2至6在下边

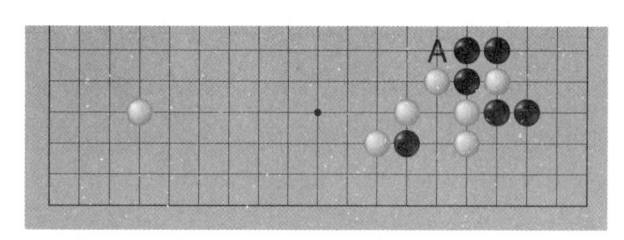

图5-287

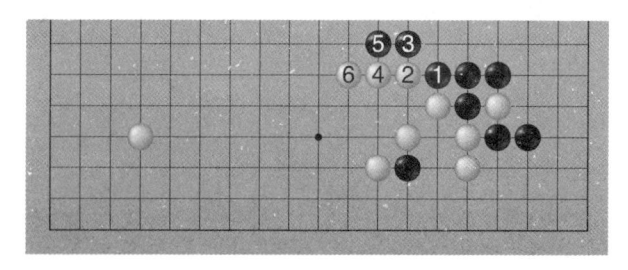

图5-288

成空，这是定式之后的一种定形。

图5-289 前图白2如脱先，那么黑1打至5长是黑加厚外势的形，白配合失败。其中白4重要，这里如被黑断，白更加无趣。

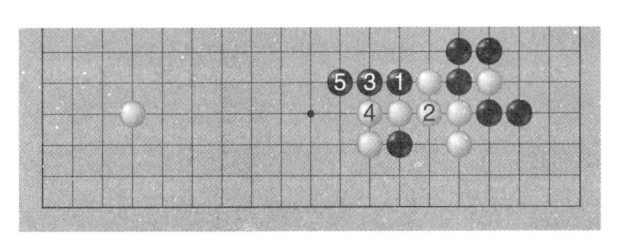

图5-289

图5-290 白1跳看似棋形好，但被黑2断，以后再4、6先手将角地围住，局部着黑得大利。

图5-291 白1压也是扩张形势的好点。对此黑可A位扳或B位跳应。

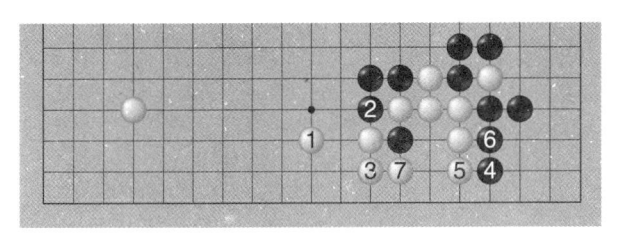

图5-290

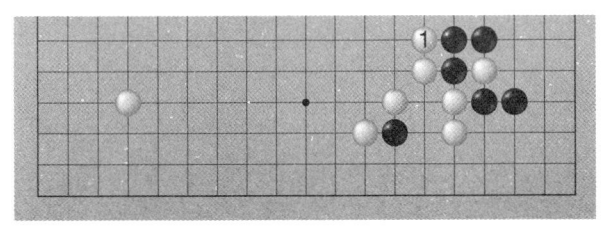

图5-291

4. 高目定式后的定形

图5-292 本图是高目定式的一形,以后的定形变化可谓是"定式后的定式"。

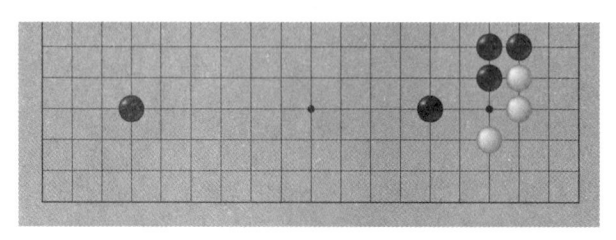

图5-292

图5-293 在本图左边的一黑子的背景下,黑取外势必然。黑1、白2绝对,黑5、7整形,以下至白20,黑得以先手完封外势。

图5-294 白10亦是一法,至12白角活棋,与前图相比较,

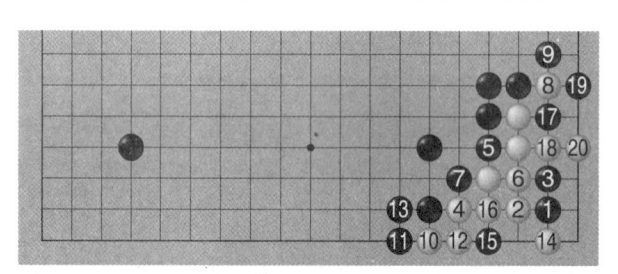

图5-293

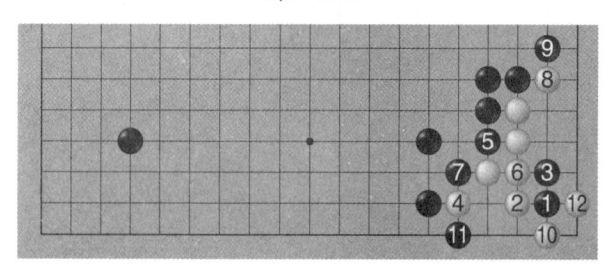

图5-294

目数稍差。

图5-295 黑5次序变一下,期待白6在15位扳,那么黑13位打。黑更好。但白6、8反击必然,至白22亦算一形,此形黑较图5-294为差。过程中黑9如21位紧气,白12则在15位扳,角上无事。

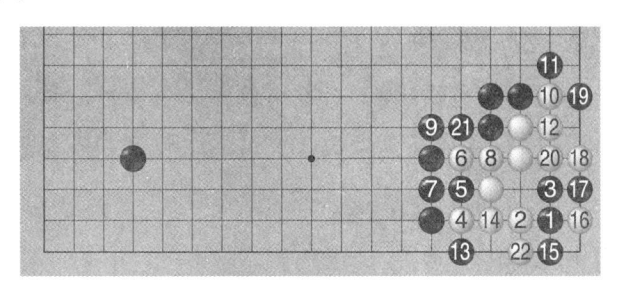

图5-295

图5-296 黑△若是虎的情况,那么白4先手很重要,白6再虎,黑怎么样也走不成前面的好形。

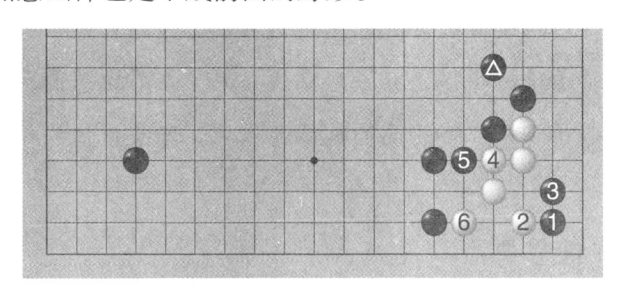

图5-296

趣味链接

黑子与白子都很喜欢掰手腕,他们都认为自己是棋界第一。而众多棋手希望他俩能够决出谁才是真正的第一。

两人一个"外扳",一个"内扳",一个"下扳",一个"上扳",相持了很久。就在此时,黑子使出全身力气一个"连扳",打破了持久局面,双方再次陷入僵局。看到谁也扳不倒对方,裁判只得宣布平局,于是黑子和白子同为第一。

围棋口诀

金角银边草肚皮,三线拆二有根基,小目飞挂应尖飞。
见机夹攻更有味,小目高挂三线托,托退定式记一记。
星位一挂关或飞,压长定式也可以,布局关键抢要点。
切莫贪吃行小棋,分投定要位置好,左右逢源最适宜。
立二拆三搭配好,高高低低合棋理,定要扳住两子头。

围棋规则

要想吃棋围上去,围得没气赶快提。
棋子散散好处多,断开分别包围起。
从上面打到下面,从外面打到里面,
让它气越来越少,最后把它全提掉。